Karl Jacob Zöppritz

Leitfaden der Kartenentwurfslehre

Für Studierende der Erdkunde und deren Lehrer

Karl Jacob Zöppritz

Leitfaden der Kartenentwurfslehre
Für Studierende der Erdkunde und deren Lehrer

ISBN/EAN: 9783744607346

Hergestellt in Europa, USA, Kanada, Australien, Japan

Cover: Foto ©Paul-Georg Meister /pixelio.de

Weitere Bücher finden Sie auf **www.hansebooks.com**

LEITFADEN

DER

KARTENENTWURFSLEHRE.

FÜR STUDIERENDE DER ERDKUNDE UND DEREN LEHRER

BEARBEITET VON

Prof. Dr. KARL ZÖPPRITZ.

IN ZWEITER NEUBEARBEITETER UND ERWEITERTER AUFLAGE

HERAUSGEGEBEN VON

Dr. ALOIS BLUDAU.

ZWEITER TEIL: KARTOGRAPHIE UND KARTOMETRIE.

MIT 12 FIGUREN UND 2 TABELLEN IM TEXT UND 2 TAFELN.

LEIPZIG,

DRUCK UND VERLAG VON B. G. TEUBNER.

1908.

Vorwort.

Der zweite Teil des Leitfadens erscheint so erheblich später, als beabsichtigt und angekündigt war, daß diese Verzögerung erklärt und begründet werden muß. In der Zeit, in der das Erscheinen erfolgen sollte, fand, wie vor allem die Berichte im Geogr. Jahrbuch zeigen, eine überaus rege Diskussion über mancherlei kartographische Probleme, besonders über das der Geländedarstellung statt, deren Verlauf in etwa abgewartet werden mußte. Zur gleichen Zeit aber übernahm ich die Neubearbeitung des Sohr-Berghaus Handatlas (Verlag von C. Flemming-Glogau), wodurch mir Gelegenheit geboten wurde, das Gesamtgebiet der praktischen Kartographie vom Netzentwurfe einer Karte bis zu ihrem Austritte aus der letzten Presse bis in die kleinsten Einzelheiten kennen zu lernen. Die dabei zu erwerbenden praktischen Erfahrungen glaubte ich mit Nutzen für diesen zweiten Teil verwerten zu können, und auch aus diesem Grunde entschied ich mich für eine längere Vertagung. Die aus der Bearbeitung des Atlas erwachsene Arbeit und endlich ein Wohnsitzwechsel verzögerte ebenfalls den Abschluß dieses Teils.

Der nunmehr vorliegende Teil zeigt gegen die entsprechenden Abschnitte der 1. Auflage ebenso wie der erste Teil erhebliche Abänderungen, die zwar größtenteils durch die nicht rastende Fortentwicklung der Disziplin begründet sind, auf die aber doch in Kürze eingegangen werden muß. Der ganze Leitfaden wendet sich vornehmlich an die Kreise der Geographen, insbesondere an die Studierenden, und darum behandelt er nicht die Grundlagen der topographischen, sondern der geographischen Kartographie. Erstere wird überwiegend von staatlichen Anstalten betrieben und wandelt Wege, die nicht immer mit denen der zweiten zusammenfallen, und wie die Erfahrung zeigt, ist ein für topographische Arbeit ausgebildeter Kartograph ebensowenig imstande, ohne weiteres auf das geographische Feld überzugehen, wie umgekehrt. Der Leitfaden, der, wie sein Titel sagt, kein Lehr- oder Handbuch sein will, vielmehr nur eine erste Einführung in die Disziplin bezweckt, beschränkt sich aus dem eben angedeuteten Grunde auf das Gebiet der geographischen Kartographie und berücksichtigt die topographische nur soweit, als es bei dem inneren Zusammenhang, der zwischen beiden besteht, unvermeidlich ist. Aus diesem Grunde ist der Abschnitt „Konstruktiver Teil" der 1. Auflage (S. 113—132), der besonders die Routenkonstruktion behandelt, gänzlich ausgeschieden worden. Diese Konstruktionen, in denen ich, wie ich offen bekenne, keine praktische Erfahrung habe, die mich berechtigte, darüber zu schreiben, fallen m. E. durchaus in das Arbeitsgebiet des Topographen, denn sie sind doch nichts anderes als der Niederschlag von Aufnahmen im Felde, die immer erst vom Topographen bearbeitet werden, ehe sie der Geograph weiter verwertet. Da ohnedies heutzutage die wissenschaftlichen Reisenden ihre Routen selbst bearbeiten, dürfte der geographische Kartograph kaum noch Gelegenheit zu solchen Arbeiten haben, und für einen etwaigen Ausnahmefall gibt Vogels „Aufnahme des Reiseweges und des Geländes" in Neumayers „Anleitung zu wissenschaftlichen Beob-

a*

achtungen auf Reisen" sicher eine umfassendere Anleitung, als sie an dieser Stelle gegeben werden könnte. Dafür sind die anderen Abschnitte, den gegenwärtigen, veränderten Verhältnissen entsprechend, ausführlicher behandelt worden. Das gilt nicht nur von der Terraindarstellung, die gerade in den letzten Jahren im Vordergrunde der Behandlung stand und noch steht, sondern auch von der Situation und Schrift, die heute nicht mehr so knapp behandelt werden können, wie es Zöppritz noch tun konnte. Auch die Frage der Vervielfältigung durfte nicht gänzlich übergangen werden, da bei dem gegenwärtigen Stande der Drucktechnik und bei der unausgesetzten Weiterentwicklung der Druck wohl ebenso wichtig, bisweilen noch wichtiger als die Ausführung der Handzeichnung ist. Leider verbot die Rücksicht auf den Umfang, dieses Gebiet einstweilen mehr als andeutungsweise zu behandeln. Endlich ist, damit das Thema „Karte" wenigstens in den Hauptzügen behandelt werde, noch ein gänzlich neuer Abschnitt „Kartometrie" hinzugefügt worden. Daß die Aufnahme dieses Abschnittes vom Standpunkte des Geographen aus einem Bedürfnisse entspricht, wird ebensowenig bestritten werden können, wie daß er eine notwendige Ergänzung jedes Buches über Kartographie ist. Wie sonst sind auch hier lediglich die praktischen Aufgaben behandelt worden, d. h. die Methoden der Messungen, nicht die weitere Verwertung ihrer Ergebnisse, wie z. B die planimetrischer Messungen für Zwecke der Volummetrie usw., aber auch die Theorie der Instrumente, wie andere theoretische Fragen sind nicht behandelt worden, damit der Umfang des Buches nicht zu groß würde.

Die Kartographie kann als Wissenschaft rein theoretisch betrieben werden und beschäftigt sich in diesem Falle fast ausschließlich, wie die Erfahrung zeigt, mit den Aufgaben der Verebnung der Kugeloberfläche oder der Projektionslehre und mit der Aufgabe der Darstellung der dritten Dimension auf der Ebene oder der Geländedarstellung; sie kann aber auch praktisch ausgeübt werden, und in diesem Falle gesellt sich zu der Theorie der Wissenschaft auch die Kunst und Kunstfertigkeit. Es ist selbstverständlich, daß letztere nicht durch bloße Worte gelehrt, also auch nicht aus Büchern gelernt werden können, das ist nur durch eigene Übung, am besten freilich unter Anleitung eines Fachmannes möglich, und darum wird auf die Technik des Zeichnens, der Beschriftung und der Geländedarstellung, weil zwecklos, nicht eingegangen. Das Ziel des Leitfadens ist vielmehr, zunächst die einzelnen Teile des Karteninhalts nach ihrer Bedeutung für die Karte zu untersuchen und darzulegen und dadurch das Verständnis für die Aufgaben der Kartographie zu fördern; daß bei einer solchen Grundlage durch Übungen nach guten Mustern die Erwerbung einer gewissen manuellen Fertigkeit möglich ist, unter Umständen auch ohne die persönliche Unterweisung durch einen Fachmann, glaube ich aus eigener Erfahrung behaupten zu können. An zweiter Stelle verfolgt der Leitfaden das Ziel, eine Verbindung herzustellen zwischen dem wissenschaftlichen Bearbeiter einer Karte und den zahlreichen technischen Mitarbeitern, die an der Herstellung beteiligt sind. Daß hier zurzeit noch eine große Kluft zwischen den beiden genannten Faktoren herrscht, dürfte kaum bestritten werden; sie hat ebenso unbestritten ihren wichtigsten Grund in der Unkenntnis des wissenschaftlichen Bearbeiters auf vielen Gebieten, die dem Techniker so geläufig sind, daß er deren Kenntnis bei dem ersteren als selbstverständlich voraussetzt; ohne diese ist aber eine Verständigung zwischen beiden kaum möglich. Aus diesem Grunde muß ich hier dem Bedauern Ausdruck geben, daß der Anhang: „Kartenvervielfältigung" nicht ausführlicher behandelt werden konnte: auch hier sprach die Rücksicht auf den Umfang, wie schon erwähnt, ein gewichtiges Wort mit.

Der größte Teil des Inhalts ist der Niederschlag langjähriger eigener Arbeiten und der aus dem Verkehr mit Kartographen und Lithographen erworbenen Erfahrungen. Daneben ist auch die einschlägige Literatur, soweit mir dies nur irgend möglich war, benutzt worden. Sollte sich dennoch hie und da ein Mangel oder eine Lücke herausstellen, so möge man diese mit Nachsicht beurteilen; denn bei der Verfolgung und Beschaffung der einschlägigen Arbeiten hatte ich auch bei diesem zweiten Teile mit denselben Schwierigkeiten zu rechnen, die ich bereits im Vorwort zum ersten Teile angedeutet habe.

Zum Schlusse fühle ich mich verpflichtet, Herrn Oberbaurat H. Wiechel-Dresden, dem Begründer der Theorie der schiefen Beleuchtung, meinen aufrichtigen Dank abzustatten für das bereitwillige Entgegenkommen, mit dem er mir seine einschlägigen Arbeiten und Zeichnungen, zum Teil noch im Manuskript, zur Einsicht und Benutzung überlassen hat.

Coesfeld, im Januar 1908.
Westfalen
A. Bludau.

Auf Seite 88 sind infolge eines Versehens beim Druck die Anfangsbuchstaben der Zeilen 5, 6, 7, 8 u. 9 unter der Abbildung 11 verwechselt. Es muß dort heißen:

Zeile 5: Instrument statt instrument.

„ 6: einer statt diner.

„ 7: ihrer statt ehrer.

„ 8: daß statt saß.

„ 9: setzt statt letzt.

Nachtrag zu S. 69: Die Höhenschichtenkarte von Bayern in 1 : 250000 (16 Blätter) wendet in ihrer Neuausführung ebenfalls die Farbenplastik nach Peuckers Theorie an; vgl. dazu Peucker, Physiographik, Mitt. d G. Ges. Wien 1907, Heft 12, S. 727.

Inhaltsverzeichnis.

——

Dritter Abschnitt.

Die Kartenschrift.

Vierter Abschnitt.

Die Terraindarstellung.

Erstes Kapitel.

Vorbemerkungen.

Zweites Kapitel.

Darstellung der Höhen durch Isohypsen.

Drittes Kapitel.

Darstellung der Böschungen und Formen durch Schattentiefe (Schattenplastik).

Viertes Kapitel.

Darstellung der Höhenverhältnisse durch Farben (Farbenplastik).

Übersicht über die Literatur.

Ein Buch, welches außer der Projektionslehre auch noch die weiteren Aufgaben der Kartographie, wie das Wesen der Situations- und Terraindarstellung, sowie die Bedeutung der Kartenschrift, weiterhin aber auch die zeichnerisch-technische Behandlung dieser Teile der Kartographie und endlich auch die Kartenvervielfältigung, und alles dies unter besonderer Berücksichtigung der geographischen Karten behandelt, dürfte gegenwärtig noch nicht vorhanden sein; dagegen sind einzelne der angedeuteten Gebiete derart ausgiebig behandelt, daß eine auch nur halbwegs die wichtigsten Arbeiten anführende Übersicht an dieser Stelle kaum noch angängig ist; es werden daher nur einige wenige Werke angeführt, welche der neueren und neuesten Zeit angehören. In ihnen sind zum Teil weitere Angaben über die einschlägige Literatur enthalten, oder sie sind in den periodischen Übersichten zu finden, welche neben der Bibliotheca geographica vornehmlich das Geographische Jahrbuch bietet. Ganz besonders sei auf die Berichte des letzteren verwiesen, welche zuerst von S. Günther, dann von Hammer, nunmehr von Haack bearbeitet werden. Doch haben die Berichte letzthin an Wert verloren; denn sie bringen von manchen Werken keine sachlichen Berichte, sondern statt deren Urteile, denen keine Begründung, und Behauptungen, denen keine Beweise beigegeben sind, und die den Stempel der Subjektivität und Oberflächlichkeit tragen; sie ermangeln jetzt auch der Vollständigkeit, die man hier zu finden berechtigt ist; denn im letzten Berichte (1907) sind große Kartenwerke, wie die Jubiläumsausgabe von Andree's Handatlas, die erwähnenswerte Fortschritte zeigt, nur flüchtig (S. 338 und 390), der Atlas Marksa, der modernste russische Handatlas, mit Namen gar nicht, sonst nur bezüglich des Nullmeridians (S. 330), also auch nur höchst oberflächlich erwähnt worden (vgl. dazu Bd. XXVI S. 395, 1904). Im Gegensatze dazu werden bisweilen kurzlebige Aufsätze aus Zeitungsbeilagen recht ausführlich besprochen (Bd. XXIX S. 338, 1907).

Neben diesem kommen hier noch in Betracht an erster Stelle die Mitteilungen des k. k. militär-geographischen Institutes in Wien, sodann die Geographische Zeitschrift, Petermanns Mitteilungen, die Veröffentlichungen der k. k. Geogr. Gesellschaft in Wien und auch die der Gesellschaft für Erdkunde zu Berlin.

Über die topographischen Aufnahmen und Karten handelt ausführlich:

B. Schulze, Generalmajor, Das militärische Aufnehmen, Leipzig und Berlin 1903; außer einer Literaturübersicht enthält das Buch auch Angaben über außerdeutsche topogr. Karten.

A. Penck, Neue Karten und Reliefs der Alpen, Leipzig 1904 (S.-A. a. d. Geogr. Ztschr.) orientiert besonders über die topogr. Karten der an den Alpen beteiligten Staaten und erörtert eingehend die Probleme der Geländedarstellung.

H. Wagner, Lehrbuch der Geographie, 7. Auflage, Hannover-Leipzig 1903 behandelt kurz und übersichtlich die geographische Kartographie.

Das Geographische Jahrbuch enthält außer den Literaturberichten auch sog. Indexkarten, welche den Standpunkt der topographischen Aufnahmen übersichtlich veranschaulichen.

Über den Kartenentwurf, soweit darunter die zeichnerisch-konstruktive Herstellung des Gradnetzes, die Anlage mehrblättriger Karten, die Hilfsmittel für Übertragung und Einzeichnung zu verstehen sind, sind augenscheinlich nur gelegentlich kurze Angaben in einzelnen Werken vorhanden; auch die Ausführung der Situationszeichnung auf geographischen Karten ist bis jetzt nur in dieser Weise gestreift worden, für topographische Karten sei auf Schulze, das milit. Aufnehmen, verwiesen. Auch die Kartenschrift entbehrt einer systematischen Darstellung.

Sehr eingehend ist dagegen die Terraindarstellung behandelt, wie neben dem Literaturbericht bei Schulze vor allem die letzten Berichte im Geogr. Jahrbuch zeigen. Hier sei nur genannt:

H. Wiechel, Theorie und Darstellung der Beleuchtung von nicht gesetzmäßig gebildeten Flächen, mit Rücksicht auf die Bergzeichnung. S.-A. aus „Der Civilingenieur", XXIV. Band, 4. u. 5. Heft. W. stellt die von jeher mit Willkür angewandte schiefe Beleuchtung auf eine feste Grundlage und entwickelt ihre Gesetze.

Penck, Neue Karten und Reliefs der Alpen, s. o.

K. Peucker, Schattenplastik und Farbenplastik, Wien 1898.

Studien zu Pennesi's Atlante scolastico, S.-A. a. d. Mitt. d. k. k. geogr. Ges. zu Wien 1899—1900.

Zur kartographischen Darstellung der dritten Dimension, S.-A. a. Geogr. Ztschr. 1901.

Drei Thesen zum Ausbau der theoretischen Kartographie, S.-A. d. Geogr. Ztschr. 1902.

Neue Beiträge zur Systematik der Geotechnologie. Mitt. der k. k. geogr. Ges. zu Wien 1904.

Vor allem behandelt Peucker in diesen Schriften das Problem der Geländedarstellung, sowohl in seiner geschichtlichen Entwickelung als auch mit kritischer Würdigung der einzelnen Darstellungsarten und vertritt eine systematische Anwendung der Farben für die Höhendarstellung. Seine Arbeiten gehören zu den bedeutendsten auf diesem Gebiete und dürften einen Wendepunkt für die Behandlung des Geländes darstellen. Eine oft für den Stoff zu schwungvolle Sprache und häufige Abschweifungen von der Hauptaufgabe verursachen indes eine gewisse Unklarheit im Gedankengange und nötigen den Leser zu oft umfangreichen Rekapitulationen, um herauszufinden, was der Verf. eigentlich sagen will und wohin er zielt.

Über die wichtige, im Leitfaden freilich nur flüchtig gestreifte Frage der Kartenvervielfältigung berichtet zum ersten Male Haack im Geogr. Jahrbuch, Bd. XXVI, 1904. Daneben sei verwiesen auf die Mitteilungen des milit.-geogr. Institutes in Wien, in denen technische Versuche und Erfahrungen öfters besprochen werden. Eine erste Einführung in dieses Gebiet, das mit den Fortschritten der graphischen Technik für den Kartographen immer wichtiger wird, findet sich in

Zondervans Kartenkunde, Leipzig 1901.

Für das Gebiet der Kartometrie wird wiederum auf die Berichte im Geogr. Jahrbuch verwiesen, die neben den Literaturangaben auch eine Vorstellung von der Rührigkeit geben, mit der an der Vervollkommnung der Kartenmeßinstrumente gearbeitet wird. Die kleinen Schriften von

Coradi-Zürich, Praktische Anleitung zum Gebrauche und zur gründlichen Prüfung des einfachen Polarplanimeters,

Die Kugelplanimeter, Beschreibung, Theorie und Anleitung zum Gebrauch und Prüfung derselben,

die von dieser bekannten Firma zu beziehen sind, geben nicht nur, wie ersichtlich, eine Anleitung zur Handhabung und Behandlung dieser Instrumente, sondern enthalten auch Angaben über die Literatur.

In den Handbüchern der Vermessungskunde, von denen nur die von Jordan (Reinhertz-Hammer), Stuttgart 1907 und Baule, Leipzig 1901, genannt werden, werden die Planimeter und andere Instrumente ebenfalls besprochen.

Zum Schlusse sei noch genannt:

W. Schmiedeberg, Zur Geschichte der geogr. Flächenmessung bis zur Erfindung des Planimeters, S.-A. d. Ztschr. Ges. f. Erdkunde, Berlin 1906.

Einleitung.

Erstes Kapitel.

Quellen der geographischen Karte.

1. Aufgabe der Kartographie. Die Kartenprojektionslehre behandelt die Aufgabe, die kugelförmige Erdoberfläche oder Teile derselben auf die Ebene abzubilden. Bei der Lösung derselben wird die Oberfläche stets stillschweigend als eine mathematische behandelt; das Ergebnis ist das in die Ebene projizierte Liniensystem der Meridiane und Parallelkreise. Die zweite Aufgabe der Kartenentwurfslehre bildet die Abbildung der wirklichen Erdoberfläche, welche die physische genannt wird, in das die mathematische Oberfläche darstellende Gradnetz. Die physische Oberfläche ist im Gegensatz zur mathematischen, die nur zwei Dimensionen hat, ein räumliches, d. h. dreidimensionales Gebilde, in dem freilich eine Dimension, die der Höhe, sehr gegen die beiden andern zurücktritt. In der Karte kann man von diesem Gebilde nur eine Ansicht geben und wählt naturgemäß dazu den Grundriß, die Projektion auf die mathematische Erdoberfläche, den ideellen Meeresspiegel, die verkleinert im Gradnetz nunmehr gegeben ist. Die Grundrißfigur erhält man, wenn man alle Punkte und Linien, welche die physische Oberfläche begrenzen, durch Lotlinien auf diese Fläche projiziert. Die Aufgabe des Kartographen ist es dann, diese in das in verkleinertem Maßstabe entworfene Gradnetz einzutragen und auch ihre Lage in der dritten Dimension, d. h. ihre Höhe über dem Meeresspiegel auf dem zweidimensionalen Kartenblatt zum Ausdruck zu bringen.

2. Topographische Aufnahmen und Karten. Die Lage der einzelnen Punkte und Linien der Erdoberfläche im Gradnetz der Erde zu bestimmen, ihre Höhenlage, sowie bei Linien den Verlauf zu ermitteln, ist eine, der Aufgabe des Kartographen vorausgehende, besondere Aufgabe, die teils der astronomischen Ortsbestimmung, welche die geographischen Koordinaten λ, φ eines Punktes zu ermitteln hat, teils der Landesvermessung zufällt, welche, fußend auf der Ortsbestimmung einzelner Punkte, durch Längen- und Winkelmessungen im Felde, die gegenseitige Lage und Entfernung, sowie die Höhe möglichst zahlreicher Punkte ermittelt und auch kartographisch verarbeitet, d. h. Karten entwirft, die auf unmittelbaren Aufnahmen im Felde fußen.

Ortsbestimmungen und Vermessungen und die auf diesen fußenden Karten auszuführen, sind Aufgaben, die schon seit längerem in den Kulturstaaten von eigens dazu geschaffenen Behörden im Auftrage der Staaten selbst ausgeführt werden, weil diese Aufgabe 1. die Kräfte eines einzelnen übersteigt und 2. die Staaten aus

1*

den verschiedensten Gründen und zu den verschiedensten Zwecken möglichst genaue und große Karten ihres Gebietes besitzen müssen. Infolgedessen ist ein an und für sich nicht unbeträchtlicher, im Verhältnis zur ganzen Erdoberfläche trotzdem noch recht unbedeutender Teil derselben derart vermessen und kartographisch dargestellt. Für den größten Teil der festen Erdoberfläche gibt es gegenwärtig solche Karten, die man als bestes kartographisches Quellenmaterial bezeichnen kann, noch nicht; sie werden hier ersetzt teils durch Aufnahmen, die zwar nach den Grundsätzen der Landesvermessung, aber weniger genau und eingehend ausgeführt werden, und zwar auch wegen ihres Umfanges und ihrer Bedeutung von den daran interessierten Staaten, teils durch die Aufnahmen einzelner Forschungsreisenden oder ganzer Expeditionen, die meist das längs ihrer Route liegende Gebiet in größerer oder geringerer Breitenausdehnung mehr oder weniger genau aufnehmen (Routenaufnahmen). Noch bis in die jüngste Vergangenheit hinein sind viele dieser Routenaufnahmen in primitiver Weise gemacht worden, so daß ihr Wert recht zweifelhaft war, zumal die Forschungsreisenden für diese Seite ihrer Forschertätigkeit teils gar nicht oder mangelhaft vorgebildet waren, teils über unzureichende Instrumente verfügten. Neuerdings, wo geographische Forschungsreisen meist von geographischen Gesellschaften oder anderen wissenschaftlichen Instituten unternommen und ausgerüstet werden, wird dafür Sorge getragen, daß die Teilnehmer sowohl in der astronomischen Ortsbestimmung, als auch in der Aufnahme und Verarbeitung der Routen ausgebildet und auch mit guten Instrumenten ausgerüstet werden, so daß ihre Aufnahmen einen schon ziemlich hohen Genauigkeitsgrad erreichen, sie selbst auch bereits die Karte ihrer Reiseroute entwerfen können, wie auch die Karten der flüchtig aufgenommenen Gebiete (s. o.) gleich von den an dieser Aufnahme beteiligten Staatsbehörden ausgeführt werden.

Bezeichnet man die Karten, welche auf Grund einer genauen Vermessung ausgeführt sind, als kartographisches Quellenmaterial ersten Ranges, so können die auf weniger genauen Aufnahmen beruhenden Karten als solches zweiten, die Routen als solches dritten Ranges betrachtet werden. Innerhalb dieser drei Gruppen, selbst in der ersten, sind die zu jeder Gruppe gehörenden Karten keineswegs gleichwertig; die Ungleichwertigkeit ist schon in der Zeit der Entstehung einer Karte bedingt: je jünger sie ist, mit desto genaueren Instrumenten und Messungsmethoden ist die Aufnahme gemacht, mit desto besseren Hilfsmitteln ist die Zeichnung und Reproduktion ausgeführt; eine jüngere Karte kann daher im allgemeinen als zuverlässiger betrachtet werden als eine solche älteren Datums. Dies gilt für alle 3 Gruppen, die man kurz als topographische Karten bezeichnen kann.

3. Übersicht über den topographischen Standpunkt der Erde. Mit der zweiten Hälfte des 19. Jahrhunderts beginnt die topographische Aufnahme der Erdoberfläche, verbunden mit der Lagenbestimmung wenigstens einzelner wichtiger Orte durch astronomische Ortsbestimmung. Seit den Erdumsegelungen Cooks, bei denen zuerst die geographischen Längen durch Mondabstände bestimmt wurden, haben die Seefahrt treibenden Staaten — früher England und Frankreich, jetzt auch die Vereinigten Staaten und das Deutsche Reich in erster Reihe — begonnen, im Interesse ihrer Kriegs- und Handelsflotten die Küsten zu vermessen und aufzunehmen. In den daraus konstruierten See- oder Admiralitätskarten, die sich gegenwärtig auf mehrere 1000 Blätter belaufen, von denen die britische Admiralität naturgemäß den größten Teil geliefert hat, beruht das kartographische Quellenmaterial für den größten Teil der Küstenlinien der Erde. Hierzu gesellen sich die regelrechten topographischen Aufnahmen der Landoberfläche. Noch im 18. Jahrhundert wurde die erste Karte dieser Art in modernem Sinne begonnen und vollendet: es ist die 1783 beendete Karte von Frankreich von Cassini. Nach der napoleonischen Zeit begannen auch andere Staaten diese Aufgabe auszuführen, zumal die napoleonischen Kriege den Wert genauer Karten deutlich hatten erkennen lassen. Im Besitze vollendeter oder nahezu vollendeter topographischer Karten befinden sich gegenwärtig

folgende Staaten oder Länder: das Deutsche Reich, Österreich-Ungarn; die Schweiz, Belgien, Niederlande, Dänemark, Schweden, Norwegen, Großbritannien, Frankreich, Italien, Portugal, Serbien; zum Teil Rußland, die Vereinigten Staaten, Algier, Vorderindien und Spanien. Von dem übrigen Teile Europas, dem größeren der Vereinigten Staaten, dem südlichen Kanada, von Argentinien, dem Kaplande, den deutschen Besitzungen in Afrika, Vorderindien und dem östlichen Australien gibt es Karten, die zwar auch auf regulären Vermessungen beruhen, aber schon weniger genau und detailliert sind.[1])

Die Karten der übrigen Länder der Erde beruhen auf Aufnahmen verschiedenster Art und Güte.

4. Die geographische Karte. So verschiedenartig und ungleichwertig demnach alle diese Karten sind, eine Eigenschaft ist ihnen gemeinsam: sie beruhen unmittelbar auf den Aufnahmen an Ort und Stelle. Diesen topographischen Karten, wie sie fortan genannt werden mögen, steht scharf gegenüber die geographische Karte. Der durchweg große Maßstab der topographischen Karte, die dadurch bedingte große Zahl der Blätter, die für ein selbst kleines Gebiet erforderlich ist, die sich weiter daraus ergebende Unübersichtlichkeit der Oberflächengestaltung mit allen wichtigeren Einzelheiten macht die Herstellung erheblich kleinerer Karten, die eine bequeme Übersicht auch über größere Räume gewähren, und die charakteristischen Eigenschaften derselben klar hervortreten lassen, zu einem dringenden Bedürfnis sowohl für rein praktische als auch wissenschaftliche Ziele und Aufgaben. Karten, die diesem Bedürfnis entsprechen, sind geographische Karten. Sie fußen auf den topographischen Karten, sind eine Reduktion dieser auf einen kleineren Maßstab, aber keineswegs nur eine verkleinerte Kopie derselben. Während die topographische Karte das Erzeugnis des Geodäten und Topographen ist, die oft in einer Person vereinigt sind, ist die geographische Karte das Erzeugnis des Kartographen, der viele Berührungspunkte und Beziehungen zum Topographen, aber kaum solche zum Geodäten hat. Sind im ersten Teile dieses Leitfadens ausschließlich die Entwürfe behandelt worden, welche der geographischen Karte genügen, und nur flüchtig die, welche das Gerippe der topographischen bilden, so wird in diesem zweiten Teile ebenso ausschließlich die Bearbeitung der geographischen Karte zur Erörterung stehen und die topographische nur insoweit zur Erwähnung kommen, als zum Verständnis erforderlich ist und die Beziehungen, die zwischen beiden bestehen, es nötig machen.

Zweites Kapitel.

Einteilung der Karten nach dem Maßstabe.

I. Topographische Karten. Da die Karte eine verkleinerte Abbildung der ganzen Erdoberfläche oder ihrer Teile ist, das Maß der Verkleinerung zwar willkürlich bestimmt werden kann, aber auch die Beschaffenheit der

---

1) S. Geogr. Ztschr. I, 1895. Tafel 1, die kartographische Darstellung der Erde v. Hettner und die Übersichten im Geogr. Jahrbuch.

Karte beeinflußt, so liegt es nahe, die Karten nach diesem Maße, dem Maßstabe, in Gruppen oder Klassen einzuteilen, denn es ist einleuchtend, daß sich nach dem Maßstabe sowohl der Umfang des Karteninhalts als auch die Genauigkeit und geometrische Treue des letzteren richtet. Je größer der Maßstab, desto reicher der Inhalt, desto geometrisch treuer letzterer, vornehmlich im Grundriß. An Hand des Maßstabes können die Karten in folgende Klassen eingeteilt werden, deren gegenseitige Grenzen jedoch nicht immer scharf zu ziehen sind.

1. **Detailkarten oder Pläne:** in den Maßstäben von 1 : 25000 bis etwa 1 : 500. Hierhin gehören die Katasterkarten, die Pläne für Eisenbahn- und Kanallinien, die Forst- und Stromkarten, auch die militärischen Originalaufnahmen, wie die Meßtischblätter des Deutschen Reiches. Unmittelbar aus den Aufnahmen im Felde hervorgegangen, von Landmessern und Topographen ausgeführt, besitzen sie oder sollen sie doch wenigstens die praktisch erreichbare geometrische Treue ihres ganzen Inhalts besitzen. Da bei den großen Maßstäben auf einem Kartenblatte nur ein räumlich eng begrenzter Oberflächenteil dargestellt werden kann, haben diese Karten für den Geographen auch nur eine eng begrenzte Bedeutung.

2. **Topographische Spezialkarten:** etwa in den Maßstäben 1 : 200000 bis 1 : 50000. Sie sind in erster Linie für militärische Zwecke bestimmt, welcher Umstand indes ihre Benutzung zu anderen Zwecken nicht ausschließt, vielmehr begünstigt. Denn, abgesehen von der Verkleinerung gegenüber den Karten der 1. Klasse, sind sie diesen an Inhalt, Genauigkeit und geometrischer Treue durchaus gleichwertig, die Verkleinerung selbst aber gestattet, auf einem Kartenblatte einen erheblich größeren Oberflächenteil abzubilden. Infolgedessen eignen sich diese Karten gut zur Benutzung im Felde bei Wanderungen in nicht zu ausgedehnten Gebieten, sie eignen sich ferner zu Studien über begrenzte Örtlichkeiten und zu kartometrischen Messungen, für die auch die Karten der 1. Klasse oft geeignet sind. Sie werden der Kürze halber oft Generalstabskarten genannt, in welcher Bezeichnung sowohl ein Hinweis auf ihre Herkunft als auch auf ihre Hauptbestimmung liegt.

Die deutsche Generalstabskarte, welche die amtliche Bezeichnung „Karte des Deutschen Reichs" führt, hat den Maßstab 1 : 100000, die „Spezialkarte der österreichisch-ungarischen Monarchie" 1 : 75000, die „Carte de la France" (1818—1878) 1 : 80000, die „Carta del Regno d'Italia" 1 : 100000, die englische 1 : 63360, die russische 1 : 126000 usw. Die Zahl der Blätter, die für ein Staatsgebiet erforderlich ist, richtet sich einerseits nach dem Maßstabe und der gewählten Blattgröße, andererseits nach der Größe des Gebietes, ist aber stets bedeutend. So enthält die Karte des Deutschen Reichs in 1 : 100000 674 Blätter, die topographische Karte der Schweiz, welche an Fläche einer der größeren preußischen Provinzen (Brandenburg, Schlesien, Hannover) gleich ist, in dem gleichen Maßstabe 25 Blätter. Aus diesen Zahlen ergibt sich bereits, daß die Verwendbarkeit dieser Karten trotz ihrer wertvollen Eigenschaften für den Geographen immer ziemlich begrenzt sein wird.

3. **Topographische Übersichtskarten** in Maßstäben von etwa 1 : 500000 bis 1 : 200000. Diese Maßstäbe gestatten bereits, im Rahmen eines Karten-

blattes in handlicher Größe einen nicht unerheblichen Teil der Erdoberfläche abzubilden und noch einen beträchtlichen Teil des Inhalts der Generalstabskarten aufzunehmen. Auch diese Karten haben für militärische Zwecke einen großen Wert, weshalb ihre Herstellung auch größtenteils durch militär-topographische Kräfte und Anstalten erfolgt, aber auch für geographische Zwecke sind sie bereits sehr geeignet; daneben lassen sie sich auch auf Reisen größerer Ausdehnung gut verwerten.

Zu den bekannteren Karten dieser Art, die sich wie die Karten der 1. und 2. Klasse aus einer größeren Zahl von Einzelblättern zusammensetzen, gehören: Vogels Karte des Deutschen Reichs in 1 : 500000 (Gotha, Justus Perthes), auch in geologischer Ausgabe, sowie in einer Waldausgabe erschienen, in 27 Blättern, die topographische Spezialkarte, sog. Reymannsche, von Mitteleuropa 1 : 200000 in 796 Blättern, die topographische Übersichtskarte des Deutschen Reichs 1 : 200000 in 196 Blättern, die Übersichtskarte von Mitteleuropa 1 : 300000, sämtlich von der preußischen Landesaufnahme bearbeitet, die österreichische Generalkarte von Mitteleuropa 1 : 200000 in 283 Blättern, die neue Übersichtskarte von Mitteleuropa 1 : 750000 „in Albers'scher Projektion" in 40 Blättern, beide vom militärgeographischen Institut in Wien bearbeitet, die französische Karte 1 : 320000 u. a. m.

II. Geographische Karten. Sie umfassen Karten von den kleinsten Maßstäben bis etwa zu 1 : 500000. Sie verfolgen die Aufgabe, sei es von der ganzen Erde, sei es von größeren oder kleineren Teilen derselben Abbildungen zu geben, auf denen die charakteristischen Züge und Eigenschaften jeder Örtlichkeit scharf hervortreten. Nicht die Menge an topographischen Einzelheiten, sondern deren Verarbeitung zu einem treffenden Gesamtbilde ist die Hauptaufgabe der geographischen Karten. Der schon erheblich kleinere Maßstab gegenüber den topographischen Karten der 2. und 3. Klasse verlangt nicht nur die Ausscheidung zahlreicher Einzelheiten, die auf jenen noch Platz finden, sondern zwingt auch, diejenigen topographischen Objekte, welche aufgenommen werden, in einer Weise abzubilden, welche erst die Aufnahme in eine Fläche kleineren und kleinsten Maßstabes gestattet. Diese Abbildungsweise ist nicht, wie man meinen möchte, eine einfache Verkleinerung oder Reduktion, die mechanisch ausgeführt werden kann, sondern eine wissenschaftliche Arbeit, bei der es darauf ankommt, das Wesentliche und Wichtige der topographischen Einzelheiten von dem Nebensächlichen zu sondern und durch Unterdrückung des letzteren das erstere desto besser darzustellen, ohne daß dadurch die geometrische Treue wesentlich beeinträchtigt wird. Diese Generalisierung, wie die Verarbeitung der topographischen Karte zur geographischen genannt wird, ist also eine wissenschaftliche Arbeit, und der Geist, in dem sie von dem Kartographen ausgeführt wird, bestimmt den Wert der geographischen Karte.

Während den topographischen Karten infolge der großen Anzahl von Blättern, für ein räumlich noch immer eng begrenztes Gebiet, in ihrer Verwendungsfähigkeit gewisse Grenzen gezogen sind, sind diese für die geographischen Karten viel weiter und dehnbar, zumal sich auch ihre Maßstäbe zwischen weiteren Grenzen bewegen als die der topographischen.

Infolgedessen ergibt sich für geographische Karten noch eine auf den Maß-
stabsverhältnissen beruhende Einteilung in mehrere Unterabteilungen.

1. **Geographische Spezialkarten**: etwa in den Maßstäben von 1:500000
bis 1:10000000. Bei ihnen hängt die Wahl des Maßstabes ab: 1. von
der Größe des darzustellenden Oberflächenteils der Erde, 2. von dem als
Quelle dienenden vorhandenen topographischen Material.

Die verhältnismäßig kleinräumigen Landschaften und Staaten Europas, besonders die westlichen, und das genaue topographische Quellenmaterial, das hierfür vorhanden ist, ermöglichen es, hier für geographische Spezialkarten die größten
Maßstäbe anzuwenden. Eine Karte der Schweiz oder einer preußischen Provinz in
1:500000 findet auf einem einzigen, immer noch handlichen Blatte Platz und
kann noch einen Inhalt besitzen, der wenig dem der topographischen Übersichtskarte nachsteht. Die Mehrzahl der europäischen Großstaaten, die sich so ziemlich
auch mit den natürlichen Landschaften decken, lassen sich in 1:1000000 oder
1:1500000 auf 4 bis 8 Blättern handlichen Formates darstellen und können mit
ihrem Inhalte noch immer weitgehenden Ansprüchen genügen. Die einzigen groß-
räumigen Staaten bzw. Landschaften Europas, die skandinavische Halbinsel und
Rußland, würden allerdings selbst in diesen verhältnismäßig kleinen Maßstäben
bereits eine Blattzahl erfordern, die in der Zusammensetzung nicht mehr recht
übersichtlich wäre, so daß für sie kleinere Maßstäbe gewählt werden müssen:
1:2000000 (Karte von Rußland im Atlas von Petri und Schokalskij) bis 1:5000000;
indes die natürliche Beschaffenheit dieser Räume, die in der schwachen Besiedelung ihren Ausdruck findet, wird es noch für längere Zeit voraussichtlich ermöglichen, von ihnen Karten in diesen kleineren Maßstäben zu entwerfen, die inhaltlich den größeren Karten der westeuropäischen Länder gleichwertig sind.

Die Großräumigkeit der außereuropäischen Erdteile und ihrer Landschaften,
für welche zudem, von verschwindenden Ausnahmen abgesehen, nur topographisches
Quellenmaterial zweiten und dritten Ranges vorhanden ist, bedingt für geographische
Spezialkarten bereits erheblich kleinere Maßstäbe; diese bewegen sich in den
Grenzen etwa von 1:5000000 bis 1:10000000; Karten in 1:4000000 bis
1:1000000 von hierher gehörigen Räumen gehören bereits zu den topographischen
Übersichtskarten, ja bisweilen sogar zu den Spezialkarten dieser Klasse.

2. **Geographische Übersichtskarten.** Diese Gruppe läßt sich noch in
die Untergruppen der Länder-, Erdteil- und Erdkarten zerlegen.
Während bei den Spezialkarten noch immer mehrere Blätter erforderlich
sind, wird hier, dem Zwecke der Übersicht entsprechend, Gewicht darauf
gelegt, das darzustellende Gebiet auf einem einzigen Blatte abzubilden;
dementsprechend sind die Maßstäbe erheblich kleiner, als bei den Spezialkarten.

Europäische Länder bzw. Staaten pflegen auf Übersichtskarten in Maßstäben
von 1:10000000 (Rußland) bis 1:3000000 abgebildet zu werden. Die Maßstäbe für Übersichtskarten außereuropäischer Länder richten sich ebenfalls nach
der Größe dieser Räume.

Beim Entwurfe einblättriger Erdteilsübersichtskarten sind der Bestimmung der Maßstäbe durch die Größenverhältnisse noch engere Grenzen
gezogen.

Für Asien kann als größter Maßstab der von 1:30000000 bezeichnet
werden. Afrika, Nord- und Südamerika finden je auf einem Blatte in 1:20000000
noch Platz, für Europa und Australien kann der Maßstab von 1:10000000 als
oberste Grenze bezeichnet werden. Für Erdkarten, Halbkugelkarten sowohl wie

ganze Erdkarten, ist 1 : 50 000 000 als obere Grenze anzusehen, während die untere bei allen Übersichtskarten viel dehnbarer ist.

Mit der fortschreitenden Verringerung des Maßstabes muß selbstverständlich eine entsprechende Verminderung des Karteninhalts und eine fortschreitende Generalisierung Hand in Hand gehen. Die Sichtung des ersteren und die Ausführung der letzteren sind kartographische Aufgaben ersten Ranges, die um so schwieriger sind, als dafür kaum bestimmte Regeln aufgestellt werden können, es vielmehr dem Takte des Kartographen überlassen werden muß, in diesen Fragen durchaus selbständig nur nach dem Zwecke, den die Karte erfüllen soll, zu entscheiden und zu verfahren. Über die besonderen Ziele und Aufgaben, denen bisweilen geographische Karten zu dienen bestimmt sind, wird noch an anderer Stelle gesprochen werden.

Drittes Kapitel.

Der Karteninhalt.

1. Situation, Terrain und Schrift. Der Gesamtinhalt jeder topographischen und geographischen Karte setzt sich aus 3 Teilen zusammen, die voneinander wesentlich verschieden sind und die in der kartographischen Sprache mit den Worten „Situation, Terrain und Schrift" bezeichnet werden. Da die Karte die Erdoberfläche im Grundriß abbildet, so handelt es sich zunächst um die Darstellung aller Objekte auf der Oberfläche, die eine punktartige oder lineare oder flächenhafte (areale) Ausdehnung haben und daher ohne weiteres orthogonal auf die mathematische Oberfläche, und somit auch auf die Kartenebene projiziert werden können. Hierher gehören z. B. die Grenzlinien zwischen der festen und flüssigen Oberfläche, wozu auch die Uferlinien der Flüsse und Seen zu rechnen sind, die Züge der Verkehrslinien, politischen Grenzen, die Grundrisse der Siedelungen u. a. m., worauf noch näher an anderer Stelle eingegangen werden wird. Die Abbildung dieser punktartigen, linearen und flächenhaften Gebilde ist die Situationszeichnung.

Die Karte soll aber auch eine Abbildung der Oberfläche in ihrer dritten Dimension sein. Die wirkliche oder physische Oberfläche der Erde ist, abgesehen von den Meeresflächen, keine ebene Fläche, die Punkte, Linien und Flächen, welche sie bilden, liegen vielmehr in wechselnden Höhenabständen (Niveaus) zur mathematischen Oberfläche; ihre Projektion auf diese gibt also noch keine Auskunft über den Abstand von der Projektionsebene. Diesen erkennbar zu machen und damit eine Vorstellung von den körperlichen Formen der Oberfläche zu geben, ist die Aufgabe der Terrainzeichnung.

Situations- und Terrainzeichnung zusammen bieten nach vorstehender Erklärung das Bild der wirklichen Oberfläche; da aber die je einer Kategorie angehörenden geographisch-topographischen Objekte, wie Flüsse, Berge usw. untereinander sowohl in der Natur wie noch vielmehr in der Abbildung sehr ähnlich und darum ohne besonderes Merkzeichen nicht unter-

scheidbar sind und ebenso auch nicht die Abbildung auf der Karte dem
Urbilde in der Wirklichkeit zugeordnet werden kann, muß das Hilfsmittel,
dessen man sich von jeher zur Unterscheidung der Örtlichkeiten in der
Natur bedient hat, auch in der Karte verwertet werden. Die Namen,
welche man einzelnen Objekten wie ganzen Örtlichkeiten und Räumen bei-
gelegt hat, werden gleichfalls in die Karte übernommen, so daß nunmehr
eine Zuordnung vom Urbild zum Abbild, wie auch vom Abbild zum Urbild erfolgen kann und damit erst die Aufgabe der Karte vollständig erfüllt wird. Indes ist diese Rekognoszierung und Identifizierung, wenn auch
die Hauptaufgabe, so doch nicht die einzige der Schrift; mit der Bei-
setzung der geographischen Namen werden gleichzeitig noch andere Ziele
verfolgt und erreicht, wie noch gezeigt werden wird. Die Beschreibung
der Karte unter Verwertung derselben in verschiedener Weise bildet die
dritte Aufgabe des ausübenden Kartographen, und dieser Teil der Karte
wird die Schriftzeichnung oder schlechthin die Schrift genannt.

2. **Einteilung der Karten nach dem Inhalt:** Situation, Terrain und
Schrift, dem Maßstabe entsprechend ausgeführt, bilden den Inhalt der
topographischen und geographischen Karten. Durch Einschränkung
eines oder mehrerer dieser Elemente und Einfügung anderer, kurz durch
Veränderung des Inhalts entstehen neue Kartengruppen, die speziellen geographischen Zwecken dienen. Die Bedürfnisse des wissenschaftlichen
Studiums und des praktischen Lebens haben, gefördert durch die Entwicklung der erdkundlichen Wissenschaft, dazu geführt, die Karte auch anderen
Aufgaben noch dienstbar zu machen, und so sind neben der geographischen
Karte noch andere entstanden, die sie zu ergänzen und zu vervollkommnen
bestimmt sind. Da sie Sonderaufgaben verfolgen, können sie einen er-
heblichen Teil des geographischen Inhalts entbehren. Am entbehrlichsten
ist in den meisten Fällen das Terrain, dessen Beibehaltung auch oft technische Gründe im Wege stehen, ebenso ist auch ein beträchtlicher Teil
der Schrift entbehrlich, da meist wenige Namen zur Orientierung genügen,
endlich kann auch aus dem gleichen Grunde der Situationsinhalt verringert
werden. Durch alles dieses wird erreicht, daß der Sonderinhalt klar und
deutlich hervortritt und nicht durch für ihn Nebensächliches beeinträchtigt
wird. Zu diesen, durch den Inhalt unterschiedenen Kartengruppen gehören:

1. Geologische Karten, welche die stoffliche Zusammensetzung der
Oberfläche darstellen.

2. Hydrographische Karten, welche die Bewässerungsverhältnisse in den
Vordergrund stellen.

3. Wald- und Vegetationskarten, tiergeographische Karten.

4. Anthropogeographische und ethnologische Karten nebst Religions-,
Bevölkerungsdichte-, Sprachen-, Siedelungs- und Kulturkarten usw.

5. Verkehrs- und wirtschaftsgeographische Karten.

6. Politische, administrative und historische Karten.

7. Klimatische, meteorologische Karten u. a. m.

Eine völlig erschöpfende Aufzählung der zahlreichen Unterarten zu geben, ist kaum möglich, da fast täglich neu sich bildende Bedürfnisse des Kulturlebens auch neue Kartenarten zeitigen: man denke z. B. an die erst jüngst entstandenen Automobilfahrtkarten. Ebenso schwierig ist es, alle diese Arten systematisch zu gruppieren. Man könnte sie vielleicht einmal nach dem Gesichtspunkte einteilen, daß einige bodenständige Objekte und Verhältnisse zur Darstellung bringen, andere solche, denen das Merkmal der Bodenständigkeit abgeht, oder danach, daß die einen konkrete, wahrnehmbare Objekte und Erscheinungen veranschaulichen, während die anderen solche verbildlichen und ihnen eine konkrete Fassung geben, die erst aus der Verarbeitung abstrakten Materials gewonnen ist.

Da, abgesehen von der Gewinnung des Stoffes, die kartographische Darstellung bei ihnen im wesentlichen mit denselben Mitteln — Punkten, Linien, Flächen, Farben — arbeitet, wie bei der geographischen Karte im engeren Sinne, so wird auf diese Unterarten nicht besonders eingegangen; das würde einerseits zu weit führen, andererseits ist bei ihnen die Gewinnung des Stoffes die wichtigere, aber nicht hier zu behandelnde Aufgabe. Hier soll nur die eigentliche geographische Karte behandelt werden.

— — — —

Erster Abschnitt.

Der Kartenentwurf.

Vorbemerkungen: Wer eine Karte der Erde oder eines Teiles derselben zu zeichnen beabsichtigt, muß sich zuvor über die Aufgabe, die dadurch gelöst werden soll, klar sein, sodann das Material kennen, das er dabei benutzen kann, und sich dann über die Größe des Verjüngungsverhältnisses und die anzuwendende Entwurfsart schlüssig machen.

1. Der Maßstab. Das Verjüngungsverhältnis oder der Maßstab (s. T. I S. 28) wird heutzutage wenigstens in den Ländern, die das metrische Maßsystem angenommen haben, ziffernmäßig in der Form eines Bruches ausgedrückt, dessen Zähler stets 1 ist. 1 : 1000000 heißt also, da der Maßstab nur die Verjüngung der Linien, nie der Flächen angibt, daß jede Linie der Karte 1000000·mal kleiner ist, als diejenige auf der Erdoberfläche, deren Abbild sie ist. Eine Strecke, die auf der Erde 1 *km* lang ist, bildet sich in diesem Falle auf der Karte in der Größe 1 *mm* ab.

2. Die Dimensionen des Erdkörpers. Um den gewählten Entwurf in dem ebenfalls festgesetzten Maßstabe konstruieren oder berechnen zu können, bedarf es demgemäß der Kenntnis der Dimensionen des Erdkörpers, ausgedrückt in irgend einem Längenmaß, als welches heute in erster Linie das metrische Maß in Frage kommt. Unter den aus den Gradmessungsergebnissen berechneten Dimensionen des Erdkörpers sind diejenigen, welche der Astronom W. Bessel in Königsberg 1841 veröffentlicht hat, auch heute noch weitaus am meisten in Gebrauch, liegen auch fast durchweg allen Tabellen zugrunde, die für kartographische und geographische Zwecke berechnet sind. Da für geographische Karten größere Maßstäbe als 1 : 500000, wie bemerkt (s. S. 7), nicht in Frage kommen, sondern in der Regel viel kleinere, so braucht für gewöhnlich die sphä-

roidische Gestalt der Erde nicht berücksichtigt zu werden; sie kann vielmehr als Kugel betrachtet werden, und setzt man nunmehr an Stelle des
Erdsphäroids eine Kugel, die jenem an Volumen gleich ist, so ist der
Radius dieser Kugel der mittlere Erdradius, der aus Bessels Elementen
abgeleitet $R = 6370{,}283$ km beträgt. Bei kleineren Maßstäben kann dieser
Wert ohne Bedenken auf rund 6370 km angenommen werden.[1])

Bei der Berechnung des gewählten Entwurfes ist der auf den gewählten ·Maßstab reduzierte Erdhalbmesser dementsprechend einzusetzen,
worauf sich die Koordinaten x, y in cm oder mm für die Auftragung ergeben. Die beistehende Tafel enthält für eine Anzahl von gebräuchlichen
Kartenmaßstäben die reduzierte Größe des Erdhalbmessers R abgerundet
auf 6370 km, ausgedrückt in m. Außerdem ist angegeben, in welcher
Größe auf der Karte entsprechenden Maßstabes 1 km und 1 qkm der Natur
abgebildet werden, ausgedrückt in mm und qmm; endlich enthält die Tafel auch
die reziproken Werte dieser letzteren Größen, d. h. die natürlichen Längen-
und Flächenwerte, welche 1 mm oder 1 qmm der Kartenfläche entsprechen·

Verjüngung 1:	Halbmesser R in m	1 km	1 km²	1 mm	1 mm²
		natürl. Größe erscheint abgebildet		der Karte entspricht der natürl. Größe	
1	6 370 000	mm	mm²	km	km²
25 000	254,8	40	1600	0,025	0,000 625
50 000	127,4	20	400	0,050	0,002 50
75 000	84,93..	13,3..	177,69	0.075	0,005 65
100 000	63,7	10	100	0,100	0,010 00
200 000	31,85	5	25	0,200	0,040 00
250 000	25,48	4	16	0,250	0,062 50
300 000	21,23..	3,33	11,08	0,300	0,090 000
400 000	15,925	2,5	6,25	0,400	0,160 000
500 000	12,74	2	4	0,500	0,250 000
600 000	10,616..	1,66.	2,75..	0,600	0,360 000
750 000	8,494..	1,33..	1,777..	0,750	0,562 500
1 000 000	6,37	1	1	1,000	1,000 000
1 500 000	4,246	0,66..	0,435	1,500	2,250 000
2 000 000	3,185	0,5	0,25	2,000	4,000 000
2 500 000	2,548	0,4	0,16	2,500	6,250 000
3 000 000	2,123..	0,33	0,011	3,000	9,000 000
4 000 000	1,592	0,25	0,0625	4,000	16,000 000
4 500 000	1,415..	0,22..	0,0493..	4,500	20,250 000
5 000 000	1,274	0,2	0,04	5,000	25,000 000
6 000 000	1,062	0,166.	0,027..	6,000	36,000 000
7 500 000	0,849	0,133.	0,0177.	7,500	56,250 000
9 000 000	0,707..	0,111..	0,0123.	9,000	81,000 000
10 000 000	0,637	0,1	0,01	10,000	100,000 000
12 500 000	0,509	0,08	0,0064	12,500	156,250 000
15 000 000	0,425	0,066	0,00435.	15,000	225,000 000
20 000 000	0,318	0,05	0,0025	20,000	400,000 000
25 000 000	0,254	0,04	0,0016	25,000	625,000 000
30 000 000	0,212	0,033	0,0011	30,000	900,000 000

1) Wagner, Lehrb. d. Geogr. S. 110—111.

3. Kartenformat (Blattgröße) und Maßstab. Die Kenntnis dieser Werte ist bei der Wahl des Maßstabes und des Formates von Wichtigkeit, weil diese beiden Größen sich gegenseitig beeinflussen; ihr Verhältnis läßt sich in die Worte fassen: ist der Maßstab gegeben, so ist auch das Format der Karte bestimmt und umgekehrt. Dementsprechend ist auch das Format oder die Blattgröße einer Karte ein Faktor, der beim Entwurfe eine nicht zu unterschätzende Rolle spielt.

Sowohl die Rücksicht darauf, die Arbeit des Zeichners und bei einer etwaigen Reproduktion die des Lithographen durch ein zu großes Format nicht zu erschweren, als auch die Rücksicht auf die technischen Schwierigkeiten beim Drucke großer Blätter, wie nicht minder auf die Handlichkeit der Karte beim Gebrauche, zieht der Kartengröße eine gewisse Grenze nach oben, die, wenn auch nicht absolut fest, doch viel schärfer ist als die untere Grenze. Karten, deren Format in lichter Weite größer ist als 40 × 50 bis 50 × 60 cm, sind schon unhandlich, so daß eine Zerlegung in mehrere Blätter bereits in Erwägung zu ziehen ist. Wenn es sich um eine selbständige, einzelne Karte handelt, kann allerdings auch ein außergewöhnlich großes Format durch besondere Umstände seine Begründung haben, so daß der Maßstab allein den Ausschlag gibt; handelt es sich aber um eine Anzahl Karten, die innerlich zusammengehören und ein zusammenhängendes Werk bilden sollen, also um einen Atlas, dann gilt als selbstverständliche Voraussetzung und Forderung, daß alle das gleiche Format haben; ein gleiches gilt auch von solchen Blättern, die durch Zusammensetzung ein Ganzes liefern sollen. Mitunter hat in diesen Fällen der Entwerfer es in der Hand, das Format dem gewählten Maßstabe anzupassen, viel häufiger aber findet er die Blattgröße bereits als gegeben und unveränderlich vor und damit die Aufgabe, dieser die Maßstäbe anzupassen. In diesem Falle leistet die Kenntnis der oben genannten Größenwerte nicht unerhebliche Dienste. Mit ihnen lassen sich aus den durch Messung oder Berechnung ermittelten Arealen der Erdteile, Länder, Staaten, Provinzen usw. annähernd wenigstens die Kartenflächen in qcm oder qmm berechnen, welche die in Frage kommenden Teilflächen in dem gewählten Maßstabe erfordern.

Als Durchschnittsgröße der gebräuchlicheren Blattformate läßt sich gegenwärtig die lichte Weite von 30 × 40 cm bezeichnen, eine Größe, die wegen ihrer Handlichkeit zahlreichen größeren Kartenwerken zugrunde gelegt ist. Annähernd in dieser Größe sind z. B. gehalten die Blätter der Karte des Deutschen Reiches in 1 : 100000 und der topographischen Übersichtskarte des Deutschen Reiches in 1 : 200000 (soweit bei Gradabteilungskarten von einem Formate zu sprechen zulässig ist), Vogels Karte des Deutschen Reiches in 1 : 500000, der Handatlas von Stieler und der von Sohr-Berghaus, während die Handatlanten von Andree-Scobel und Debes, sowie der auf letzterem fußende Tischatlas von Petri-Schokalskij (sog. Atlas Marksa, eine russische Ausgabe des Debes mit Spezialkarten des europäischen und asiatischen Rußlands) die lichte Weite von 36 × 48 cm besitzen, so daß die Karten dieser Atlanten bereits als groß und nahe der zulässigen oberen Grenze anzusehen sind.

Inwieweit eine dem Entwerfer vorgeschriebene Blattgröße ihn bei der Wahl der Maßstäbe beeinflußt und ihn nötigt, eine Karte auf mehrere Blätter zu verteilen, soll an einem praktisch durchgeführten Atlasentwurf gezeigt werden. Das genaue Format des neuen Sohr-Berghaus' Handatlas ist 33 × 41 cm, das nur bei den zusammensetzbaren Karten auf Kosten der inneren Randlinien noch um einige mm vergrößert ist. Jedes Blatt enthält also 33 × 41 = 1353 qcm = 135300 qmm Fläche. Diese Papierfläche repräsentiert im Maßstabe von

$$1 : 1000000 \text{ eine Fläche von} \quad 135300 \ qkm \text{ der Natur}$$
$$1 : 1500000 \quad \text{„} \quad \text{„} \quad \text{„} \quad 304425 \quad \text{„} \quad \text{„} \quad \text{„}$$

1 : 3 000 000	eine Fläche von		1 217 700	*qkm*	der Natur
1 : 4 500 000	„	„	„	2 739 825	„	„	„
1 : 5 000 000	„	„	„	3 382 500	„	„	„
1 : 6 000 000	„	„	„	4 870 800	„	„	„
1 : 9 000 000	„	„	„	10 959 300	„	„	„
1 : 10 000 000	„	„	„	13 530 000	„	„	„
1 : 15 000 000	„	„	„	30 442 500	„	„	„
1 : 20 000 000	„	„	„	54 120 000	„	„	„
1 : 25 000 000	„	„	„	84 562 500	„	„	„
1 : 30 000 000	„	„	„	121 770 000	„	„	„

Die Erdteile, ihre Länder, natürlichen Landschaften und politischen Räume, welche hauptsächlich die Objekte der kartographischen Darstellung bilden, besitzen im allgemeinen keine derartige Gestaltung im Umriß, daß sie sich auch nur annähernd in das Rechteck oder Quadrat des Kartenrahmens einpassen; berücksichtigt man noch, daß es meist wünschenswert ist, das Kartenbild nicht unmittelbar mit den Grenzen des abzubildenden Raumes abzuschließen, vielmehr noch Teile der Nachbargebiete, sowohl Land- als Wasserflächen, mitabzubilden, so ergibt sich, daß ein meist erheblich größeres Areal in Ansatz gebracht werden muß, als das abzubildende Gebiet für sich allein genommen bedeckt.

Zu der Abbildung des Deutschen Reiches in 1 : 1 000 000 bei der Blattgröße 33 × 41 cm sind, wiewohl es nur 540 000 *qkm* groß ist, mindestens 8 Blätter, die 1 082 400 *qkm* repräsentieren, und wenn auf eine lückenlose Zusammensetzung zu einer Gesamtkarte Wert gelegt wird, 9 Blätter mit 1 217 700 *qkm*, also mehr wie das Doppelte des Areals erforderlich. Die eigenartige Gestaltung der Ostgrenze, bezeichnet durch die Punkte Memel, Lyck, Thorn, Ratibor, Pirna, Hof, Passau, Berchtesgaden, bringt ohne weiteres beträchtliche Gebiete der östlichen Nachbarreiche auf die Karte, wie die weit nördlich sich erstreckenden Ausläufer Ostpreußens und Schleswig-Holsteins auch fast ganz Dänemark hineinziehen, wogegen es kaum gelingt, das gesamte Rheingebiet abzubilden. Dasselbe gilt von einer einblättrigen Übersichtskarte in 1 : 3 000 000.

In 1 : 1 500 000 enthalten 4 Blätter dieses Formates 1 217 700 *qkm*, wie 9 Blätter bei 1 : 1 000 000. Es läßt sich also auf ihnen das Deutsche Reich in diesem Maßstabe gleichfalls abbilden, wie es in Stielers Atlas geschehen ist. Aber auch die Mehrzahl der europäischen Großstaaten oder der natürlichen Räume, die solchen in ihrer Fläche entsprechen, lassen sich in diesem Maßstabe vierblättrig abbilden. Besonders günstig ist hierfür Frankreich gestaltet, das sich, wenn man hart an der Alpengrenze im S.-O. abschneidet und den Zipfel der Bretagne w. vom Meridian von Lorient in einem Karton unterbringt, auf 4 Blättern in 1 : 1 000 000 abbilden läßt. Nicht so günstig ist die Gestaltung der Pyrenäenhalbinsel, von Österreich-Ungarn, bei dem Tirol und Vorarlberg etwas weit hervorspringen, und der Balkanhalbinsel, bei welcher die politisch hinzugehörende, nach Norden weit ausladende Moldau zu berücksichtigen ist und daher in der Regel in einem Karton untergebracht wird. Immerhin handelt es sich hier um geographisch-politische Räume mit Arealen von 500 000 bis 700 000 *qkm*, so daß also die verfügbare Kartenfläche in der Höhe von 40 bis 60 % für die Hauptaufgabe verwendet wird, während annähernd ebensoviel auf die Nachbargebiete entfällt. Gebiete, wie die britischen Inseln und die Appeninenhalbinsel mit je rund 300 000 *qkm*, nehmen sogar nur 25 % der verfügbaren Kartenfläche ein, eine Folge ihrer eigentümlichen Gestaltung. Diese Beispiele zeigen zur Genüge, daß bei den Vorfragen nach Maßstab und Format die Gestaltung des darzustellenden Gebietes von vornherein zu berücksichtigen ist, und ihre Lösung um so schwieriger macht, je enger die Grenzen gezogen sind, innerhalb welcher sie gelöst werden müssen. Es empfiehlt sich daher, zu allererst sich über die Größe einer Karte bei gegebenem Maßstabe und umgekehrt über den möglichen Maßstab bei gegebener Blattgröße, über die Zahl der Blätter und den Verlauf der Schnittlinien eine ungefähre Übersicht zu verschaffen. Sind Karten des betreffenden Gebietes im gegebenen Maßstabe oder im gegebenen Formate vorhanden, so erübrigt sich natürlich diese Vorarbeit, aber auch im anderen Falle ist sie bald erledigt. Der erste Fall dieser Art ist gegeben, wenn es sich darum handelt, an einer gegebenen Karte festzustellen, ob ein bestimmter kleinerer Maßstab in einem vorgeschriebenen kleineren Formate anwendbar ist. Zu diesem Zwecke werden die Maße der gegebenen Karte im Verhältnis der beiden Maßstäbe reduziert. Sind die reduzierten Maße kleiner oder gleich den Maßen des neuen Formates, so ist die Karte in diesem ohne weiteres ausführbar, sind sie größer, so muß die Differenz zwischen den reduzierten Maßen und denen der vorliegenden Karte in gleicher Weise reduziert werden und an letzterer durch Messung festgestellt werden, ob durch Verringerung ihres Formates um diese reduzierte Differenz Teile des darzustellenden Gebietes bereits außerhalb des Kartenrahmens zu liegen kommen, und ob etwaige Überschreitungen desselben noch erträglich sind. Ein Beispiel wird dieses Verfahren kurz veranschaulichen. An der Karte „Rußland" aus Andrees Handatlas in 1 : 8 700 000 und lichter Weite von 35 × 45 cm soll festgestellt werden, ob dies Reich in 1 : 9 000 000 in 33 × 41 cm (Sohr - Berghaus - Format) abgebildet werden kann. Die Maßstäbe verhalten sich wie 87 : 90 oder 29 : 30. Die Randlinien 35 und 45 in diesem Verhältnis reduziert, ergeben 33,8 und 43,5, überschreiten also das vorgeschriebene Format. Ihre Differenz gegen das Andree'sche Format beträgt 1,2 und 1,5 cm, welche im Verhältnis 29 : 30 reduziert, 1,1 und 1,4 cm ergeben. Eine Verringerung des Andreeschen Formates um diese Beträge zeigt, daß Rußland in 1 : 9 000 000 im Rahmen 33 × 41 cm noch Platz findet. Zeichnet man diesen verkleinerten Rahmen auf Pauspapier, so kann man durch Hin- und Herschieben auf der vorhandenen Karte gleich die zweckmäßigste Stellung der Karte im neuen Rahmen ermitteln, und wenn eine mehrblättrige Karte entworfen werden soll, durch Eintragung der Schnittlinien auf der Pause gleich den Verlauf derselben auf der zukünftigen Karte verfolgen. Würde man die Karte aus Debes bzw. Atlas Marksa diesem Verfahren zugrunde legen, so ergeben sich bei dem Maßstabe 1 : 8 250 000 und der lichten Weite 36 × 48 cm die reduzierten Maße von 33 und 44 cm. In der Seite 33 cm genügt also das neue Format durchaus, in der andern Seite ist es zu klein. Die Differenz beträgt hier 4 cm, reduziert 3,3 cm. Um diesen Betrag kann aber das Debes'sche Blatt ohne Bedenken gekürzt werden, so daß die Ausführbarkeit der Karte im gewünschten Maßstabe und gegebenen Formate erwiesen ist.

Ähnlich liegt der zweite Fall, wenn es sich darum handelt, an einer kleineren vorliegenden Karte die Möglichkeit, einen größeren Maßstab für ein gegebenes Format anzuwenden, zu ermitteln. Es möge z. B. an dem Blatte Spanien und Portugal in Stielers H.-A. ermittelt werden, ob sich die Pyrenäenhalbinsel in 1 : 3 000 000 im Formate 33 × 41 cm abbilden läßt. Der Maßstab ist 1 : 3 700 000, das Format 32,3 × 39,7 cm. Die Maßstäbe verhalten sich wie 30 : 37, welches Verhältnis auch gleich 0,81 gesetzt werden kann. Reduziert man die Randlinien 32,3 und 39,7 in diesem Verhältnis und zeichnet auf Pause ein Rechteck aus den reduzierten Seiten 26,2 und 32,1 cm, legt die Pause auf die Karte, so ergibt sich, daß die Halbinsel noch völlig in den Rahmen dieses Rechtecks eingeschoben werden kann, und berücksichtigt man, daß die nicht reduzierten Seiten kleiner sind, als die der projektierten Karte, so folgt daraus, daß die Karte in dem genannten Maßstabe und den gegebenen Dimensionen ausführbar ist. Wieviel von den Nachbargebieten dabei in Wegfall kommt, ist auch sofort zu ersehen. Will man dagegen mit der Veränderung des Maßstabes auch das Format derart ändern, daß die gesamte Fläche der vorliegenden Karte abgebildet wird, so sind die Seiten dieser entsprechend zu vergrößern, im angeführten Falle müßten sie auf 39,9 und 49 cm vergrößert werden. Diese Ausführungen dürften genügen, um eine Anleitung zu geben, in welcher Weise man sich über die Dimensionen einer zu entwerfenden Karte im voraus einigermaßen unterrichten kann; es ist dabei nur zu beachten, daß als Unterlage Karten derselben Projektion oder wenigstens solche zu wählen sind, deren Projektion sich nicht zu sehr von der der neuen Karte unterscheidet. Es wäre z. B. völlig ergebnislos, an einer Karte Asiens in Bonne'scher Projektion die Dimensionen einer Karte zu ermitteln, die in Lamberts azimutaler Projektion entworfen werden soll, oder an einer Karte Afrikas in Sanson-Flamsteedscher Projektion die Dimensionen für den Lambertschen Entwurf; noch verfehlter wäre es, dabei auch die etwaigen Schnittlinien für die Blätter einer zusammensetzbaren Karte festzulegen. Man vergewissere sich daher auch stets über den Grad der Abweichung der in Betracht kommenden Projektionen; im übrigen lohnt es aber die Mühe, gelegentlich auf 2 Karten desselben Gebietes, die in verschiedenen Projektionen entworfen sind, eine Einteilung in Sektionen anzuführen, da sich an ihnen geradezu sinnfällig die Abweichungen und Deformationen wahrnehmen lassen.

4. Die Herstellung des Gradnetzes für ein- und mehrblättrige Karten. Die zeichnerische Konstruktion des Netzes mittels rechtwinkliger Koordinaten x, y ist ein so einfaches und die größte Genauigkeit verbürgendes Verfahren, daß es selbst in den wenigen Fällen angewendet werden sollte, wo eine rein geometrische Konstruktion ausführbar ist; wenn einmal bei Karten kleinen Maßstabes die Parallelkreise mit dem Zirkel oder Stangenzirkel gezogen werden können, so steht dem nichts im Wege; die Schnittpunkte der Meridiane aber durch Konstruktion der Koordinaten zu bestimmen, ist auch in diesem Falle empfehlenswert, da sich dann feststellen läßt, ob die Parallelkreise exakt genug gezogen sind.

Zur Ausführung der Arbeit benötigt man nur weniger Instrumente: eines Reißbrettes und einer Reißschiene, über deren Beschaffenheit und Anwendung bereits gesprochen ist (Teil 1, S. 160), einer Pikiernadel und eines Maßstabslineales nebst Kurvenlinealen oder Kreiskurven (Teil 1, S. 89). Das Maßstablineal sei zweckmäßig aus Metall, damit es infolge seines Gewichtes sicher und fest auf dem Papiere aufliegt, mindestens 50 cm lang, mit abgeschrägten Kanten, die beide mm-Teilung tragen, die eine mit Unterteilung in 0,5 mm. Es gibt zwar zum Auftragen von Koordinaten eigens konstruierte Kartierungsinstrumente und Koordinatographen, die aber meist sehr teuer sind, so daß deren Anschaffung sich allenfalls für große kartographische Anstalten lohnt; da aber mit den einfachen Hilfsmitteln dasselbe geleistet werden kann und exakte Handhabung hier wie dort unerläßlich ist, ist es überflüssig, hier diese Instrumente zu besprechen.[1]) Das Zeichenpapier, das manche mit glatter, manche mit gekörnter Oberfläche wählen, so daß darüber jeder selbst entscheiden mag, wird teils auf Leinwand aufgezogen, teils unaufgezogen benutzt. In letzterem Falle ist es ratsam, es auf das Brett aufzuleimen, indem die Ränder mit Gummi bestrichen werden, die ganze übrige Fläche mit Wasser angefeuchtet wird. Nach Trocknung liegt es fest auf dem Brette und wird nach Vollendung der Arbeit derart ausgeschnitten, daß nur die bestrichenen Ränder übrig bleiben, die durch Anfeuchtung vom Brette abgelöst werden. Aufgezogenes Papier kann natürlich nur mit Heftzwecken befestigt werden, deren Köpfe zuweilen ein festes Anlegen der Lineale verhindern, so daß die Heftzwecken nach Bedarf vorsichtig, ohne daß die Lage des Papiers verändert wird, versetzt werden müssen. Trotz dieses kleinen Übelstandes empfiehlt es sich doch, der Dauerhaftigkeit wegen

---

1) Vgl. Geogr. Jahrbuch, Abschnitt Kartographie von Hammer und Haack, sowie die Preislisten von Coradi-Zürich und solcher Firmen, die Instrumente und andere Gegenstände führen, welche das Handwerkszeug der Topo- und Kartographen bilden.

aufgezogenes Papier zu verwenden, wobei zu beachten ist, daß zwischen Aufziehung und Benutzung genügend Zeit zum Trocknen verflossen ist, damit nicht während der Arbeit das Papier Veränderungen erleidet. Man nehme stets den Zeichenbogen erheblich größer als das Format der Karte ist.

Die Gleichungen der einzelnen Projektionen liefern im allgemeinen die Koordinaten x, y, bezogen auf einen Punkt, den Haupt- oder Mittelpunkt, als Ursprung; für die Ausführung auf dem Papiere ist es praktisch (vgl. Teil 1, S. 88), die Ordinaten jedes Parallelkreises auf dessen Schnittpunkt mit dem Mittelmeridian (Kartennullmeridian) zu reduzieren, was durch Subtraktion der Ordinate y für die Länge $\lambda = 0^{\circ}$ von den y der anderen Längen erfolgt; es werden dadurch die y-Werte bequem gekürzt, das Auftragen gestaltet sich einfacher, das Blatt wird weniger mit Hilfslinien beladen, nachträgliche Verbesserungen falscher Absetzungen sind leichter ausführbar, die fehlerhaften Linien selbst leichter zu ermitteln, als

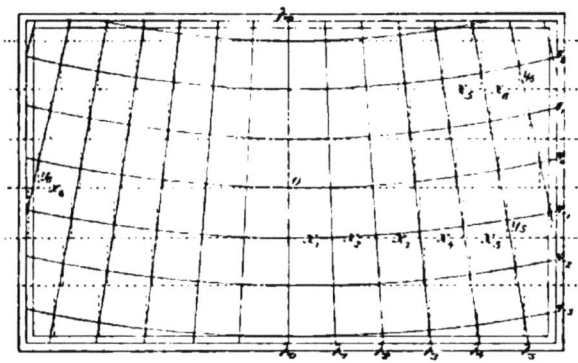

Fig. 1. Konstruktion des Netzes mittels Koordinaten unter Kürzung der y-Werte.

wenn alle y auf einen Ursprung zurückgehen. Ebenso ist es ratsam, die y des Kartennullmeridians auf den Schnittpunkt des nördlichsten oder südlichsten Parallels der Karte zu reduzieren, weil es dann möglich ist, diese y ohne das einmal angelegte Maßstabslineal in seiner Lage zu ändern, in einem Zuge abzusetzen. Diese kleinen Vorarbeiten vereinfachen das Absetzen der x, y sehr erheblich. Die so umgeänderte Tabelle der x, y wird nunmehr dem Absetzen zugrunde gelegt.

Sind Reißbrett und Papier hergerichtet, so suche man zuerst in der Tabelle die größten x-Werte, die aufzutragen sind, auf und ermittele an ihrer Hand die Stelle, an der der Kartennullmeridian zu ziehen ist, der nun mit der Reißschiene gezogen wird. In gleicher Weise wird mit Hilfe der größten y-Werte die Stelle ermittelt, an der der nördlichste oder südlichste Parallel den Nullmeridian schneidet, und durch diesen Punkt, der nunmehr der Nullpunkt des ganzen Koordinatensystems ist, eine Senkrechte zum Nullmeridian gezogen. Es ist ratsam, in mäßigem Abstande von letzterem, etwa 150 bis 200 mm, zu beiden Seiten 2 Parallelen zu ziehen.

Nunmehr prüfe man mit Hilfe eines Transporteurs, ob der Nullmeridian und seine Parallellinien mit der Senkrechten genau rechte Winkel bilden, und dann wird zunächst das Maßstabslineal an den Nullpunkt des Nullmeridians angelegt und die reduzierten y-Werte, welche die Schnittpunkte der Parallelkreise mit ihm angeben, in einem Zuge nacheinander, mit der Pikiernadel, abgesetzt. Bei einer bis auf 0,5 mm herabgehenden Teilung des Lineals lassen sich Zehntel-mm noch mit Sicherheit dabei abschätzen. In gleicher Weise werden dann die y nochmals auf den Parallellinien abgesetzt. Werden alsdann durch die Punkte des Nullmeridians die Senkrechten gezogen, so müssen bei exakter Ausführung der bisherigen Arbeit diese Linien auch durch die abgesetzten Punkte der Parallellinien gehen, die eben zur Kontrolle dienen sollen. Trifft dies nicht ein, so ist die Grundlage des ganzen Netzes fehlerhaft: entweder ist die Reißschiene nicht genau angelegt und, was Anfängern oft zustößt, durch seitlich wirkenden Druck der Hand, wenn auch nur minimal aus der Lotrichtung gedrängt worden, oder Brett und Schiene sind nicht genau gearbeitet; eine Prüfung auf diese Fälle muß die Fehlerursache aufdecken. Der weitere Verlauf der Arbeit gestaltet sich nun dahin, daß zunächst, um Verwechselungen vorzubeugen, die Schnittpunkte oder Linien nach der Tabelle numeriert werden, dann wird das Lineal der Reihe nach an die Schnittlinien (x-Achsen) im Schnittpunkte erst auf der einen, dann auf der andern Seite des Nullmeridians angelegt, wobei sich eine Umkehrung des Brettes nötig macht, und die x-Werte werden ebenfalls je in einem Zuge abgesetzt. Durch die gewonnenen Punkte werden die Parallelen zum Nullmeridian gezogen, deren ungefähre Größe aus der Tabelle ersichtlich ist, auf ihnen endlich die reduzierten y-Werte abgesetzt, wobei darauf zu achten ist, daß der Nullpunkt des Lineals stets genau in den Fußpunkt eingestellt wird. Jetzt kann das Gradnetz selbst ausgezogen werden; man beginnt praktisch mit dem Ziehen der Parallelkreise. Bei azimutalen Projektionen kleineren Maßstabes sind dazu Kurvenlineale erforderlich (Teil 1, S. 164), unter denen man durch probeweises Anlegen die passenden aussucht; bei solchen größeren Maßstabes und bei Kegelprojektionen treten die Kreiskurven an deren Stelle, und bei Kegelprojektionen ist es bereits aus der Berechnung bekannt, innerhalb welcher Größen sich die Halbmesser der Parallelkreise bewegen, so daß man ohne weiteres die passenden wählen kann. In gleicher Weise zieht man die Meridiane aus. Bei normalen, echten Kegelprojektionen sind diese bekanntlich geradlinig, und ist die Absetzung der Koordinaten genau erfolgt, so müssen alle Punkte x, y eines Meridians genau in einer Geraden, d. h. hart an der Kante des Lineals liegen. Aber auch bei allen gekrümmten Netzlinien, mögen es Meridiane oder Parallelkreise sein, deckt das Ausziehen der Netzlinien ohne weiteres nicht bloß gröbere Fehler — seien es Rechen-, seien es Auftragfehler —, sondern auch kleinere, die Bruchteile eines mm betragen, auf, weil sich, wo ein Fehler vorhanden, weder die Gerade noch die Kurve durch solchen versetzten Punkt legen läßt, wenn darauf geachtet wird, daß die Teil 1, S. 165 gegebenen Vorschriften beachtet werden. Derartige Punkte, die nicht scharf in den Linienzug hineinpassen, sind zu markieren, in der Tabelle aufzusuchen, worauf dann zuerst nachgeprüft wird, ob die zugehörigen x, y richtig abgesetzt sind. Stellt sich hier kein Fehler heraus, so muß die Rechnung geprüft werden. Wenn es sich um einen einzelnen versetzten Punkt unter vielen richtig abgesetzten handelt, wird man bald die Erfahrung machen, daß bei vorschriftsmäßigem Ziehen das Lineal selbst die Korrektur auf dem Papiere besorgt. Nachdem die Netzlinien gezogen sind, wird der Rahmen festgelegt, wobei man sich, wenn das Format schon feststeht, einer Pause, auf der er vorgezeichnet ist, bedienen kann. Die provisorische Bezifferung des Netzes unter Vergleich mit anderen Karten bietet die Anhaltspunkte zur Festlegung. Man achte schon bei der Berechnung darauf, das Netz so weit auszudehnen, daß mindestens eine vollständige Netzlinie über jede Rahmenseite hinausgreift.

Dies Verfahren, das für einblättrige Karten gilt, erleidet einige Veränderungen bei der Zeichnung mehrblättriger, zusammensetzbarer Karten. Handelt es sich um zwei Blätter in ost-westlicher Folge, so ist das Verfahren nur insoweit geändert, als die durch den Mittelmeridian gebildeten Netzhälften auf je ein besonderes Blatt gezeichnet werden. Besteht die Karte aus zwei nordsüdlich angrenzenden Blättern, so reduziert man vom Schnittpunkte des mittelsten Parallels die y des Nullmeridians für das obere Blatt nach N., für das untere nach S. und verfährt wie gewöhnlich mit der Maßgabe, daß man den Mittelparallel auf beiden Blättern zunächst völlig ausführt. Hieraus ergibt sich auch ohne weiteres das Verfahren bei Karten, die aus 2 nördlichen und 2 südlichen Blättern sich zusammensetzen. Setzt sich die Karte aus 3, 2×3, 3×3 oder noch mehr Blättern, deren Schnittlinien nicht mit Netzlinien zusammenfallen — Einteilung unabhängig vom Gradnetz —, zusammen, so erfordert die Zeichnung etwas umfangreichere Vorbereitungen. Man zeichne zuerst, wie bei einer einblättrigen Karte, das mittlere oder mittelste Blatt, nachdem man für seinen ungefähren Bereich die Reduktionen der y des Nullmeridian ausgeführt hat. Dann stelle man zur östlichen und westlichen Fortsetzung in seinem Rahmen den Meridian λ fest, der als äußerster noch ganz in ihm enthalten ist, und bestimme zwischen ihm und dem Mittelmeridian einen Punkt, der von letzterem eine runde Strecke, wie 100 oder 200 mm entfernt ist. Um diesen Betrag reduziere man sämtliche Abszissenwerte x, einschließlich der x-Werte für den Meridian λ, die für die rechts und links anstoßenden Blätter in Betracht kommen. Will man nun etwa zuerst das östlich anstoßende Blatt zeichnen, so ziehe man am linken Rand dieses neuen Blattes eine Linie von N. nach S., die dem Nullmeridian des Mittelblattes entspricht, teile sie genau so wie jenen ein, ziehe die Senkrechten dazu durch die Teilpunkte, trage die verkürzten Abszissenwerte x ab und verfuhr dann wie gewöhnlich; man erhält dann die östliche Fortsetzung, die mit dem noch ganz auf dem Mittelblatte vorhandenen Meridian λ beginnt. In gleicher Weise wird unter entsprechender Fixierung der dem Nullmeridian

entsprechenden Hilfslinie auf die rechte Seite des Papieres das westliche
Anschlußblatt gezeichnet. Die nördliche bzw. südliche Anschlußzone wird,
nachdem die erforderlichen Reduktionen der y für den Nullmeridian vorgenommen, in gleicher Weise vom Mittelblatt aus gezeichnet. Man erhält
dann die erforderliche Zahl der Blätter in der Art, daß jedes Blatt an
allen Anschlußseiten Teile des Netzes seiner Nachbarblätter enthält. Die
Festlegung des Rahmens erfolgt dann zuerst am Mittelblatt, und man benutzt die Schnittpunkte der Randlinien mit denjenigen Netzlinien, die auch
auf den Nachbarblättern vorhanden sind, dazu, die Randlinien auf diese zu
übertragen und fortzusetzen, indem man die Abstände einiger Netzschnitt-
punkte von den Randlinien in den Zirkel nimmt und sie von den entsprechenden Punkten des Nachbarblattes entsprechend absticht; dann sind
einige Fixpunkte gegeben, von denen aus die Vervollständigung des
Rahmens ausgehen kann. Diese Arbeit muß natürlich mit größter Genauigkeit ausgeführt und peinlich nachgeprüft werden.

Ist so das Netz und der Rahmen in Bleistiftzeichnung hergestellt,
dann werden die Netzlinien innerhalb der Randlinien mit chinesischer
Tusche mittels der Reißfeder fein ausgezogen. Die Randlinien werden
einstweilen mit Rücksicht auf etwaige Überschreitungen noch nicht in
Schwarz ausgezogen, es genügt, allenfalls sie an den Ecken auf kurze
Strecken schwarz zu ziehen. Alsdann werden alle Hilfslinien mit weichem
Gummi weggewischt; die über den Rand hinausgehenden Netzlinien bleiben
jedoch stehen und werden, wenn nötig, mit Bleistift nochmals nachgezogen,
die Ziffern der Meridiane und Parallelkreise werden in Bleistift jetzt an-
geschrieben.

5. Reduktion und Zusammenverarbeitung. Gegenwärtig, wo ein großer
Teil der Erdoberfläche bereits mehr oder weniger genau topographisch aufgenommen und kartiert ist oder sich im Stadium der Aufnahme befindet,
wo Forschungsreisende, die noch wenig bekannte Gegenden erforschen, durchweg derart vorgebildet sind, daß sie nicht nur astronomische Ortsbestimmungen
ausführen, sondern auch topographische Aufnahmen machen und womöglich
schon unterwegs ihre Routen vorschriftsmäßig zu Papier bringen, besteht
die Hauptaufgabe des geographischen Kartographen darin, entweder die
topographischen Karten durch Reduktion und Generalisation zu geographischen
Karten umzuarbeiten, oder aus solchen und Aufnahmen flüchtigerer Art von
beschränkten Gebieten in gleicher Weise eine einheitliche geographische
Karte herauszuarbeiten. Neben der Reduktion und Generalisation ist
es also vornehmlich die Zusammenverarbeitung verschiedenartigen
Materials, verschiedenartig sowohl hinsichtlich seiner Ausführung, als auch
der Entstehungszeit und damit auch seines Wertes, worin sich die Fähig-
keit und Geschicklichkeit des Kartographen zu zeigen hat, die als unentbehrliche Grundlage einer gewissen technischen Durchbildung und manuellen
Fertigkeit bedarf, die nur durch längere Übung im Nachzeichnen gut aus-
geführter Karten erreicht werden kann.

6. Hilfsmittel für Übertragung und Einzeichnung. Das Nachzeichnen ohne Maßstabs- und Projektionsänderung, das zur Aneignung
der manuellen Fertigkeit dient, ist aber auch mitunter eine unmittelbare
Aufgabe des Kartographen, für die auch der Ausdruck „Kopieren" gebräuchlich ist. Sie ist im wesentlichen eine mechanische Arbeit, zu deren
Vereinfachung daher auch mechanische Hilfsmittel zur Verfügung stehen.
Dazu gehören 1. das Pikieren oder Durchstechen, indem das Original mittels
der Nadel auf das Blatt übertragen wird; es kann sich dabei allerdings nur um
das Übertragen einzelner Punkte handeln; 2. das Durchzeichnen auf einer Glas-
platte; 3. die Anwendung von Pauspapier oder -Leinwand, wobei allerdings in
der Regel eine nochmalige Übertragung auf das Kartenblatt erforderlich ist; 4. die
Anwendung des Pantographen, der aber auch bei Reduktionen (Maßstabs-
änderungen), und hier sogar noch vorteilhafter zu verwenden ist. Indes diese
Hilfsmittel werden nur gelegentlich verwendet, weil die Voraussetzungen, unter
denen sie anwendbar sind, nur selten vorhanden sind. In den meisten Fällen
handelt es sich nämlich nicht um einfaches Kopieren, sondern um eine Maßstabsänderung und zwar meist um eine Verkleinerung (Reduktion), seltener um eine
Vergrößerung; für beide Fälle könnte noch der Pantograph zu Hilfe genommen
werden[1]), da aber auch vielfach mit der Reduktion eine Projektionsänderung
verbunden ist, versagt auch dieses Instrument, dessen Anwendung überdies nur
dann zulässig ist, wenn es ein sehr gutes ist; der hohe Preis eines solchen
macht es aber nicht jedem, der Karten zeichnen will, zugänglich. Der ausübende
Kartograph bedient sich daher zur genauen Übertragung des Inhalts seiner Quellen-
karten in seine eigene Karte eines Verfahrens, das sowohl einen großen Genauigkeitsgrad besitzt, der den eben erwähnten Verfahren nicht absolut zugesprochen werden
kann, als auch in allen Fällen, mag es sich um einfaches Kopieren oder Reduzieren mit und ohne Projektionsänderung handeln, anwendbar ist.

Dies Verfahren besteht darin, daß auf der eben beendeten Netzzeichnung
das Gradnetz, das je nach dem Maßstabe 10-, 5-, 2-, 1-Gradfelder, vielleicht
sogar halbe und Viertel-Gradfelder aufweist, noch soweit verdichtet wird,
daß es aus Maschen oder Feldern besteht, die 2, 3, allenfalls 4 *mm* Seitenlänge haben. Man lehnt diese Verdichtung zweckmäßig derart an das Gradnetz an, daß die Linien Vielfachen oder bequemen Bruchteilen eines Grades
oder einer Minute entsprechen.

Bei dem Maßstabe 1 : 20000000 z. B. wird das Gradnetz gewöhnlich in
5-Gradfeldern abgebildet, d. h. jeder 5. Meridian und Parallel wird ausgezogen.
Man erzielt hier die passende Verdichtung, wenn man die
Strecken zwischen je 2 Netzlinien in je 10 gleiche Teile teilt,
d. h. jede Halbgradlinie auszieht, so daß die Verdichtung das
5-Gradfeld in 100 Halbgradfelder zerlegt. Bei dem Maßstab
1 : 1,5 Mill. wird das Netz meist von Grad zu Grad ausgezogen,
jede Netzmasche stellt ein 1-Gradfeld dar; hier ist es angebracht, die Gradstrecken in 20 oder 24 Unterteile zu zerlegen, so daß Maschen oder Felder von 3 bzw. 2,5 Minuten
Ausdehnung entstehen. Die etwas mühsame Ausführung dieser
Arbeit erfolgt mittels des Teilzirkels, dessen Öffnung durch
mehrfaches Ausprobieren an den einzelnen Linienstücken zu

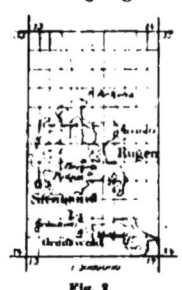

Fig. 2.

Gradfeld, zur Einzeich-
nung der Situation in
5-Minutenfelder zerlegt.

---

1) Im Bereiche kartographischer Anstalten wird auch die
Photographie immer häufiger dazu angewendet und für vielerlei
Zwecke ist auch das Lichtpausverfahren geeignet.

ermitteln ist.[1]) Dann werden die Teilpunkte vorsichtig eingestochen und später mittels der schon gebrauchten Kurven wie das eigentliche Gradnetz mit einem etwas harten Bleistift fein ausgezogen. Um späterhin beim Kopieren oder Reduzieren Irrtümern vorzubeugen, ist es angebracht, je nach Zahl dieser Zwischenlinien etwa jede 4., 5. oder 6. Linie etwas stärker auszuziehen. Bei dieser Arbeit ist auch zu beachten, daß z. B. bei azimutalen Entwürfen die Abschnitte eines Parallels keineswegs untereinander gleich sind, wie bei Kegelprojektionen, daß also der Teilzirkel von Abschnitt zu Abschnitt neu eingestellt werden muß. Bei gewissen Kegelprojektionen sind wiederum die Meridianabschnitte nicht untereinander gleich. Im

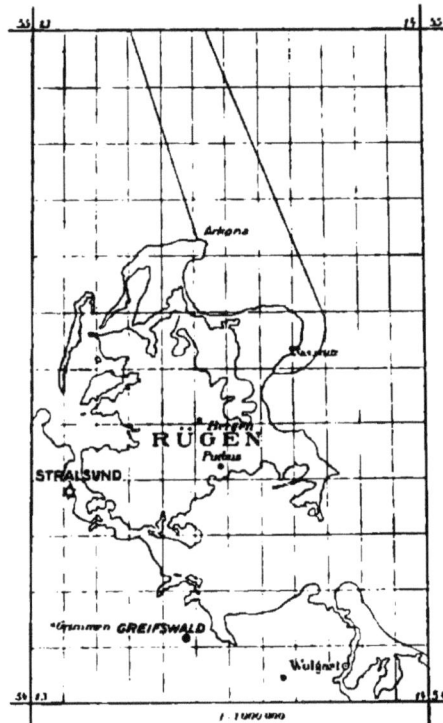

Fig. 3.

Gradfeld zur Reduktion auf Fig. 3 in 5-Minutenfelder zerlegt.

übrigen ist die Ausführung dieser Arbeit in ihrer Art eine gewisse Prüfung für die exakte Ausführung des Netzes. Ist auch sie beendet und damit das Blatt für den Beginn der eigentlichen kartographischen Arbeit vorbereitet, so wird es vom Reißbrette abgenommen; denn für die folgende Arbeit ist dieses, das den Schauplatz des linearen Zeichnens bildet, nicht geeignet, vielmehr dazu ein Pult mit geneigter Platte praktisch, die am unteren Ende einen Schlitz besitzt. Diese Einrichtung gestattet, das Blatt in jede für Auge und Hand bequeme Lage zu bringen, ohne daß Gefahr besteht, dasselbe durch Anlehnen des Körpers einzuknicken.

Genau wie das Gradnetz der zu zeichnenden Karte, in denselben Grad- und Minutenintervallen wird nunmehr auch das Netz der Karten verdichtet, deren Inhalt in die Zeichnung übertragen werden soll. Da diese meist größeren Maßstabes sind, auch die Bleistiftlinien sich auf dem mit Situation, Terrain und Schrift gefüllten Blatte nicht immer deutlich abheben, pflegt man hier die Linien oft mit farbigen Tuschen auszuziehen und dabei für diejenigen, welche den verstärkten Linien der Zeichnung entsprechen, eine andere Farbe als für die übrigen Linien zu wählen. Die so zugerichteten Karten zeigen nunmehr dasselbe Maschennetz, wenn auch

---

1) Bei Bestimmung der Unterteilung durch den Teilzirkel leistet der Reduktionszirkel gute Dienste, bei dessen Benutzung die Weite der Öffnung des Teilzirkels ohne zu vieles Ausprobieren, das schließlich das Papier beschädigt, bald gefunden wird, wenn die Netzlinien nicht zu stark gekrümmt sind.

meist in anderer Größe, wie die Zeichnung; jeder Masche auf dieser entspricht eine Masche auf jenen, und die Kleinheit der ersteren gestattet nunmehr, den Inhalt jener freihändig nach Augenmaß mit einer Genauigkeit zu übertragen, die von keinem anderen mechanischen Verfahren, das photographische ausgenommen, übertroffen wird, dabei gleichzeitig zu reduzieren und bei vorhandener Projektionsänderung auch die Verschiebungen anzuführen, die eine Folge dieser Änderung sind.

Die sachgemäße Ausführung dieser zeichnerischen Arbeit setzt eine längere, systematische Übung voraus und kann nicht so sehr an theoretischen Vorschriften als an der Nachahmung mustergültiger Vorlagen erlernt werden, bei denen eine Unterweisung von fachmännischer Seite in jedem Falle wünschenswert ist. Das gilt von allen Arten kartographischen Zeichnens, sowohl von der Situations-, als auch der Terrain- und Schriftzeichnung. Aus diesem Grunde wird auf die rein technische Seite des Zeichnens hier auch nicht weiter eingegangen.

7. Generalisation. Wenn mit der Übertragung des Inhalts einer Karte in eine neue zugleich eine Maßstabsänderung und zwar eine Verkleinerung verbunden ist, kann, was selbstverständlich ist, der volle Inhalt nicht übernommen werden; es muß eine Verringerung stattfinden. Das Maß der Verkleinerung bestimmt das der Inhaltsverringerung. Gewisse Teile des Inhalts werden gänzlich ausgeschieden, z. B. weniger wichtige Siedelungen, Straßen, Flüsse, Seen u. a. m., wobei die Unterdrückung der Objekte vielfach auch die Auslassung ihrer Namen zur Folge hat. Andere Objekte können zwar nicht einfach fortgelassen werden, müssen aber in einer der Verkleinerung entsprechenden Weise verändert werden. Dies Verfahren nennt man Generalisierung, und ihm unterliegen vorwiegend die Küsten-, Fluß- und Wegelinien wie die Terrainformen. Ein vergleichendes Studium von Karten desselben Gebietes in verschiedenen Maßstäben, womöglich von demselben Kartographen gezeichnet, verschafft am besten das Verständnis für diese Aufgabe und ihre Ziele[1]. Es zeigt, daß es sich dabei nicht nur um das einfache Fortlassen von kleineren Biegungen, Krümmungen, Ecken, Vorsprüngen geographischer Linien handelt, die im kleineren Maßstabe zu zeichnen nicht mehr möglich wäre, sondern auch darum, die durch das Auslassen gewissermaßen entstehenden Lücken und Brüche wieder auszufüllen, also vermittelnde Übergänge herzustellen, kurz unter Beiseitelassung der im gewählten Maßstabe nicht mehr darstellbaren Einzelheiten die charakteristischen Züge und Eigenschaften sowohl der Situationslinien und -flächen, als auch der Oberflächenformen darzustellen, ohne daß das mehr oder weniger große Maß der Abweichung dem Bilde den Stempel des Unnatürlichen oder gar Unmöglichen aufdrückt.

---

1) Vgl. Sydow-Wagner, Method. Schulatlas, Bl. 4 und 5.

Zweiter Abschnitt.
Die Situationsdarstellung.

1. Begriff der Situation. Unter der Situation versteht man in der
Kartographie alle geographischen Objekte, welche sich im Grundriß auf
der Ebene des Kartenblattes abbilden lassen, also entweder punkt-, linien-
oder flächenartige Gebilde sind. Das Hauptdarstellungsmittel der Situationszeichnung sind daher die Linie und der Punkt in der verschiedenartigsten
Ausgestaltung, wobei der Punkt nicht in streng mathematischem Sinne auf-
zufassen ist, sondern darunter alle Zeichen zu verstehen sind, die man mit
etwas freier Auffassung als Punkt bezeichnen kann. Die Situationszeichnung
ist ferner auch der Teil der Karte, welcher das abzubildende Gebiet im
Grundriß darstellt und über die gegenseitige Lage, Ausdehnung, Gestalt
und Entfernung der Objekte unterrichtet. Inwieweit die angewendete Projektion die Grundrißtreue — geometrisch verstanden — beeinflußt, ist im
Teil I bei der Untersuchung der Verzerrungsverhältnisse der Projektionen
dargelegt worden; um diesen durch die Projektion beeinflußten Grundriß
handelt es sich hier.

2. Objekte der Situation. Unter den Begriff der Situation fallen hauptsächlich die Grenzlinien zwischen den festen, flüssigen und weichen Teilen
der Oberfläche, also die Küsten- und Flußlinien, die Uferlinien der Seen und
Inseln, die Randlinien der Sümpfe und Moore, der Wüsten und Steppen, die
in der Natur nicht immer als scharfe Linien, als welche sie meist auf der
Karte erscheinen, vorhanden sind, sondern häufig als mehr oder weniger
breite Streifen oder Säume auftreten; ferner die politisch-administrativen
Grenzen und die Wegelinien aller Art von der Eisenbahn und Kunststraße
bis zu den gewöhnlichen Landwegen und Fuß- und Saumpfaden herab.
Mit der Einzeichnung dieser Linien werden zugleich auch gewisse Flächen
wie Seen, Moore, Wüsten, Steppen usw. mitabgebildet. Diesen linien-
und flächenartigen Objekten gesellen sich solche zu, die eine mehr punktartige Gestaltung besitzen, wozu neben Gipfeln, Pässen, Klippen, Höhlen usw.
besonders alle Siedelungen gehören, auch die größten, denn von Plänen
abgesehen, bedecken auch auf topographischen Karten selbst große Städte
nur kleine Flächen der Karte, so daß es im allgemeinen zulässig ist, sie
als punktartige Objekte anzusprechen. Mit dieser Aufzählung ist der Inhalt und Umfang der Situationszeichnung keineswegs erschöpft, denn je
nach der Größe und dem Zwecke einer Karte sind der Inhalt und der
Umfang der Situation derartig erweiterungsfähig, daß eine vollständige
Aufzählung gar nicht möglich ist.

3. Übertreibung der Maßverhältnisse. Auf topographischen Karten
können viele Situationsobjekte im Grundrisse abgebildet werden und dabei
auch die Flächentreue wahren. Erst wenn ihre Dimensionen unter einer
gewissen Größe bleiben, muß man, um die Grundrißtreue zu erhalten, die

Flächentreue preisgeben und eine geringe Vergrößerung oder Übertreibung anwenden.

Diese Übertreibung wird besonders oft angewandt bei einzelstehenden Gebäuden, Gehöften, Kirchen usw. In 1 : 25000 können Objekte, die in Länge und Breite je 25 m Ausdehnung besitzen, noch flächentreu dargestellt werden, da hier 25 m der Natur durch 1 mm dargestellt werden, es können sogar noch kleinere Dimensionen, bis zur Hälfte, 12,5 m, so abgebildet werden, da es noch möglich ist, Ausdehnungen von 0,5 mm zeichnerisch auszuführen. Bei 1 : 100000 werden 50 m der Natur durch 0,5 mm abgebildet. Objekte, deren Dimensionen unter 50 m hinuntergehen und dennoch abgebildet werden, können hier nur durch Übertreibung sichtbar gemacht werden, und je kleiner der Maßstab wird, desto stärker muß die Übertreibung zunehmen. Ganz allgemein ist diese Übertreibung auch bei topographischen Karten üblich und notwendig bei der Darstellung aller Wegelinien einschließlich der Eisenbahnen. Da Straßen und Wege von 25 m Breite nur äußerst selten vorhanden sein dürften, so ergibt sich, daß schon auf den Meßtischblättern in 1 : 25000 eine Wegelinie von 1 mm Breite nur bisweilen keine Übertreibung enthalten wird. Für die Darstellung der Bahnen, Chausseen und sonstigen Wege werden hier Doppellinien von etwa 0,5 bis 0,8 mm Breite — vom äußeren zum äußeren Linienrand gemessen — verwandt, die also natürlichen Breiten von 12,5 bis 20 m entsprechen, so daß bereits in diesem großen Maßstabe eine wenn auch mäßige Übertreibung im allgemeinen stattfindet. Bei 1 : 100000 — Karte des Deutschen Reiches — besitzen die geküstelten Eisenbahnlinien eine Breite von 0,5 mm, so daß hier eine etwa 6—7-fache Übertreibung vorliegt; ebenso breit werden die Chausseen gehalten, bei denen also eine 3—4-fache Übertreibung stattfindet, und wenn die hier für Nebenwege angewendete einfache Linie etwa 0,1 mm Strichstärke besitzt, die 10 m Breite in der Natur entspricht, so liegt auch hier eine 2—3-fache Übertreibung vor. Wenn auf Vogels Karte des Deutschen Reiches in 1 : 500000 Bahnen und Chausseen in 0,4 mm Breite gezogen sind, so entspricht diese einer solchen von 200 m in der Natur, und es liegt hier eine 10-, 15- und noch mehrfache Übertreibung vor. In gleicher Weise werden auch meist die Flüsse, Kanäle, Gräben, kurz alle Wasserlinien, auf geographischen Karten sogar breite Ströme, übertrieben dargestellt, weil es gar nicht möglich ist, sie, wenn ihre Breite unter einem je nach dem Maßstabe wechselnden Mindestmaß bleibt, ohne Übertreibung deutlich und erkennbar darzustellen.

4. Situationssignaturen. Die Maßstäbe 1 : 500000 bis 1 : 1000000 sind, wie früher erwähnt, die ungefähren oberen Grenzen geographischer Karten. Im ersteren entspricht 1 mm der Karte 500 m der Natur, im letzteren 1 mm der Karte 1 km der Natur; es ist ohne weiteres klar, daß in diesen und noch kleineren Maßstäben nicht nur die eben erwähnten Objekte, besonders die Flußbreiten, sondern noch viel zahlreichere einer Übertreibung unterworfen werden müssen, damit sie darstellbar werden. Aber dieser Übertreibung sind durch den Maßstab wiederum Grenzen gezogen, deren Überschreitung nur auf Kosten anderer Objekte und auch der Genauigkeit erfolgen könnte. Wenn in 1 : 100000 Städte und Dörfer noch in ihrem wesentlichen Grundriß dargestellt werden können, so ist das bei 1 : 500000 nicht mehr angängig, es sei denn, daß man sich bei größeren Siedelungen darauf beschränkt, die Umrißformen in den Hauptzügen darzustellen; bei der großen Mehrzahl ist auch dies nicht angängig, und an Stelle des Grundrisses tritt die Signatur, die bei größeren Maßstäben noch annähernd der wirklichen Ausdehnung entspricht, bei kleineren aber ebenfalls unter einer Übertreibung angewandt wird. So setzt sich die Situationszeichnung außer aus den Linien und Flächen, die grundrißtreue Abbildungen ihrer Urbilder sind, aus Signaturen zusammen, die nicht mehr grundrißtreu sind und das dargestellte Objekt nur noch der Lage nach, nicht aber der Gestalt und Ausdehnung nach bezeichnen. Mit abnehmendem Maßstabe wächst im allgemeinen die Zahl der Signaturen, und wenn bei größeren Maßstäben im allgemeinen die Form der Signaturen noch eine gewisse Ähnlichkeit mit der des damit bezeichneten Objektes hat, so schwindet bei kleineren auch vielfach diese Ähnlichkeit, und damit tritt auch immer stärker sinnbildliche oder symbolische Charakter des Kartenbildes hervor, zu dessen Lesung und Deutung ein Schlüssel oder eine Erklärung der Signaturen unentbehrlich ist.

Neben diesen Signaturen, die teils aus der Unmöglichkeit, alle Objekte grundrißtreu darzustellen, teils aus dem Streben nach Vereinfachung und Übersichtlichkeit entstanden sind, gibt es noch andere Signaturen, die nicht konventionell sind und unter größerer Anlehnung an die Urbilder eine mehr der Wirklichkeit entsprechende Abbildung gewisser Objekte sein sollen, so daß sie daher auch zum guten Teile ohne einen Schlüssel verständlich, sozusagen selbstverständlich sind. Hierher gehört zunächst die Unterscheidung der Wasserflächen durch blaue Farbentöne von den Landflächen, ferner die der verschiedenen Arten der Bodenbeschaffenheit und Kulturart, als Felsboden, Eisbedeckung, Ackerboden, Wald, Heide, Weide, Weinberge, Gärten, Friedhöfe, Moore, Sümpfe, Wüsten, Steppen usw., welche zumal auf größeren Karten unter Zuhilfenahme von an die Wirklichkeit sich anpassenden Farben durch ebenfalls den natürlichen Vorbildern möglichst ähnliche Signaturen abgebildet werden.

Alle Signaturen, mögen sie einer besonderen Erklärung bedürfen oder nicht, lassen sich in den 3 Gruppen der Flächen-, Linien- und Orts- oder Punktsignaturen unterbringen. Zu den Flächensignaturen gehören diejenigen, welche die Oberfläche nach ihrer stofflichen Beschaffenheit und Kulturart zur Darstellung bringen, deren wichtigste Arten soeben genannt sind; zu den Liniensignaturen gehören zunächst die für die verschiedenen Grenzen: politische, Verwaltungs-, Gemeinde- und Eigentumsgrenzen aller Art, deren Bezeichnung je nach ihrer Wichtigkeit abgestuft wird. Dann aber gehören hierher die Bezeichnungen für die verschiedenen Verkehrswege: Eisenbahnen, Kanäle, Landstraßen, Feldwege, Fußpfade usw., ferner Gräben, Deiche, Dämme, Telegraphenlinien, Dampferlinien, Tiefenlinien in Seen und Meeren. Diese Gruppe der Signaturen steht in engem Zusammenhange mit der dritten, der der Orts- oder Punktsignaturen, zu denen vor allem die der menschlichen Siedelungen, Städte, Dörfer, Weiler, Gehöfte, Häuser zählen; ferner aber die Signaturen für Signale, Denkmäler, Leuchttürme und -schiffe, industrielle und gewerbliche Anlagen, wie Mühlen, Kalk-, Teeröfen, Bergwerke, Steinbrüche, Ankerplätze, Schanzen, Wälle, Brunnen, Quellen u. ä. m.

Viele der Signaturen für die genannten Objekte der 3 Gruppen werden in nahezu identischer Form sehr allgemein angewandt, andere dagegen in abweichender Form und Anwendungsart. Ein allgemein gültiges Verzeichnis ist daher zurzeit noch nicht ausführbar, doch geht wie auf anderen Gebieten, so auch hier das Streben dahin, eine möglichst g l e i c h a r t i g e Anwendung zu erzielen, damit Karten verschiedenen Ursprungs allgemein lesbar und verständlich sind. Bei allen größeren Kartenwerken findet man, bisweilen auf einem besonderen Blatte, eine Zusammenstellung der gebrauchten Signaturen unter dem Namen Z e i c h e n s c h l ü s s e l oder Z e i c h e n e r k l ä r u n g. Kleinere Einzelkarten geben entweder am Rande oder in der Titelecke die Erklärung der wichtigsten Zeichen sowie auch derjenigen, durch die sie sich besonders von anderen unterscheiden. Es ist in jedem Falle ratsam, sich an gute Muster dieser Art zu halten und nicht ohne triftige Gründe bewährte und allgemein gebräuchliche Signaturen durch neue zu ersetzen. Viele Landesaufnahmebehörden, wie z. B. die preußische haben besondere M u s t e r b l ä t t e r für die topographischen Zeichnungen veröffentlicht, und letztere hat auch die Signaturen, welche auf den von ihr veröffentlichten Kartenwerken verwendet werden, auf besonderen Blättern zusammengestellt. Auch für Vogels Karte des Deutschen Reiches enthält das Titelblatt eine solche zusammenfassende Übersicht, desgleichen pflegen auch die großen Handatlanten, wie die von Stieler, Andree, Debes, Sohr-Berghaus die Signaturen auf je einem Blatte der zusammengehörenden Kartengruppen zusammenzustellen; bei den Handatlanten sind sie in der Regel derart entworfen, daß sie zwar für den g a n z e n Atlas gelten, aber in Rücksicht auf den Sondergebrauch einzelner Karten nicht auf einem besonderen Blatte zusammengestellt sind. Auch der Umstand, daß in einem Atlas Übersichts- und Spezialkarten vorhanden sind, erfordert gewisse Modifikationen für diese Kartengruppen, wozu noch hinzukommt, daß bei der Verschiedenartigkeit der Erdteile und ihrer Länder gewisse Signaturen, wie z. B. die für Oasen, Wasserstellen, Vulkane, nur zeitweilig Wasser führende Flüsse u. ä. m. auf manchen Karten gar nicht vorkommen, so daß eine Generalübersicht der Signaturen entbehrlich ist.

5. Vereinfachung der Zeichnung durch Verwendung von Farben. Eine Karte wird gewöhnlich mit der Endabsicht entworfen und gezeichnet, daß sie auf irgendeine Weise r e p r o d u z i e r t und v e r v i e l f ä l t i g t wird, um einer Mehrzahl von Benutzern zugänglich zu sein. Es ist daher nötig, daß der Kartograph einige Kenntnis von der Reproduktion und der Vervielfältigung besitzt, die am besten durch persönliches Studium in kartographischen Anstalten erworben wird. Dadurch kann die kartographische Arbeit erheblich v e r e i n f a c h t und e r l e i c h t e r t werden. Es ist nämlich weder nötig noch üblich, die Originalzeichnung oder Manuskriptkarte genau in der Weise auszuführen, wie eine gedruckte Karte, die das Werk des Kupferstechers oder des Lithographen ist, der in erster Linie eine große technisch-zeichnerische Durchbildung und manuelle Fertigkeit und Geschicklichkeit besitzen muß, über die zwar der Kartograph auch verfügen muß, derart, daß er auf die Ausbildung und Übung nach dieser Seite hin nicht genug Wert legen und Zeit verwenden kann; aber wichtiger ist doch für ihn die w i s s e n s c h a f t l i c h e Durchbildung und das auf ihr beruhende Verständnis für die Aufgaben und Ziele der Kartographie. Darum kann er auch ohne Bedenken von all den Hilfsmitteln Gebrauch machen, die ihm die zeichnerische Ausführung vereinfachen und ihn der mehr oder weniger mechanischen Tätigkeit, die damit unvermeidlich verbunden ist, möglichst überhebt. Die darauf hinzielenden Hinweise werden im folgenden kurz angedeutet werden.

Die Situationszeichnung beginnt gewöhnlich mit der Einzeichnung und gleichzeitigen Generalisierung des Gewässernetzes und etwaiger Küstenlinien, die in Bleistift vorgezeichnet und dann in Tusche ausgezogen werden. Sehr praktisch ist es, für diese Linien die blaue Farbe — Preußisch-Blau — zu wählen, und man benutzt hier, wie auch für andere Objekte, vorteilhaft unverwaschbare Tuschen (in flüssiger Form gebrauchsfertig), die, wenn späterhin etwa Flächen in Farben angelegt werden sollen, mit dem Pinsel überfahren werden können, ohne daß sie verlaufen. Alsdann werden die weiteren linearen Objekte, wie Bahnen, Straßen, Kanäle, Tiefengrenzlinien usw., ebenfalls in Bleistift vorgezeichnet. Bahnen, Straßen, überhaupt alle Wegelinien erscheinen auf gedruckten Karten als einfache oder Doppellinien in mannigfacher Ausgestaltung, als volle, gerissene, punktierte Linien; Grenzlinien werden meist als gerissene Linien mit dazwischen gesetzten Punkten oder als durchweg punktierte Linien dargestellt, Tiefenlinien ähnlich in der Art, daß die Anzahl der zwischen die Linienstücke eingeschalteten Punkte gleich die Tiefe in Tausenden oder Hunderten von *Metern* angibt, und in gleicher Weise lassen sich auch Höhenlinien zeichnen. Die mühsame, große Geschicklichkeit und viel Zeit beanspruchende Ausführung, die, wenn die Vorzeichnung erst einmal vorliegt, rein mechanisch ist, erspart sich der Kartograph dadurch, daß er für jede dieser Linienarten eine bestimmte **Farbe** wählt und in dieser die einfache, volle Linie auszieht. Für Weichland aller Art, für die verschiedenen Steppen- und Wüstenarten zeigen gedruckte Karten entsprechende Linien- und Punktsignaturen, deren sachgemäße Ausführung auf dem Original mehr Geschicklichkeit als geistige Tätigkeit erfordert, und gleichfalls vermieden oder umgangen wird, wenn die von ihnen eingenommenen Flächen in irgendeinem **Flächenkolorit** angelegt werden. In dieser Weise lassen sich noch viele andere Objekte in der Zeichnung recht einfach und deutlich durch farbige Linien, Punkte und Flächen darstellen, worauf noch gelegentlich verwiesen werden wird. Es ist selbstverständlich, daß der Kartograph sich vor Beginn der Arbeit über die Verwendung der Farben und etwaiger spezieller Signaturen in ihnen ein festes **Programm** entwirft und gleichzeitig einen **Schlüssel** herstellt, in dem neben jeder farbigen Linie, Fläche oder sonstigen Signatur diejenige Signatur gestellt ist, in die sie bei der Reproduktion gewissermaßen übersetzt werden sollen. An Hand dieses Schlüssels ist der Lithograph oder Stecher in der Lage, diese Übersetzung beim Stiche auszuführen.

In gewissem Umfange wird von der Verwertung der Farben in dieser Richtung gegenwärtig auch beim Kartenstich und -druck bereits Gebrauch gemacht, indem nicht bloß auf geographischen, sondern sogar auch auf topographischen Karten Eisenbahnlinien und Straßen nicht mehr durch besonders ausgestaltete — geklüstelte — Doppellinien oder starke, volle, einfache — bei Doppelgleisen mit Quersprossen versehene — Linien, wie bisher meist üblich, sondern durch volle rote oder rotbraune Linien dargestellt werden, wobei die Klassifikation in Haupt- und Nebenlinien usw. durch die Strichstärke erfolgt. Wüsten und Steppen werden durch gelbliche Flächentöne gegeben usw., wie überhaupt mit der Vervollkommnung der Drucktechnik, die es gestattet, von mehreren Steinen oder Platten zu drucken und diese so genau herzustellen und einzupassen, als ob nur eine einzige Platte vorhanden wäre, die Verwendung von Farben gegen früher immer gebräuchlicher wird, wennschon vornehmlich die Rücksicht auf den Kostenpunkt ihr Grenzen zieht, die für den Zeichner nicht vorhanden sind, so daß dieser eine nahezu unbeschränkte **Freiheit** im Gebrauche der Farben zur Vereinfachung und Erleichterung seiner Arbeit besitzt. Es mag dabei noch erwähnt werden, daß die Auswahl der Farben auf der Zeichnung keineswegs für den späteren Druck maßgebend ist, so daß darauf keine Rücksicht genommen werden braucht. Wie für den Stich ein Signaturenschlüssel, so kann für den Druck ein Farbenschlüssel anfertigt werden, nach dem dieser ausgeführt wird.

6. Ortssignaturen. Unter den Signaturen nehmen diejenigen eine ganz besondere Stellung ein, welche die Siedelungen darstellen sollen, die man als geschlossene bezeichnet, und die gleichzeitig eine bestimmte rechtliche Stellung in ihrem Staatsverbande einnehmen: Städte, Flecken, Dörfer. In geometrisch treuem Grundriß können solche Siedelungen nur auf Plänen größten Maßstabes dargestellt werden; schon bei dem Meßtischblatte ist einerseits eine gewisse Übertreibung bei engen Straßen, andererseits die Unterdrückung allzukleiner Objekte erforderlich; bei 1 : 100000 ist das in noch größerem Maße der Fall und mit abnehmendem Maßstabe schrumpft auch eine große Siedelung derart zusammen, daß schon bei 1 : 300000 nur noch annähernd ihre Umrißform gewahrt und durchlaufende Straßenzüge ungefähr nur angedeutet werden können; kleinere können selbst im Umriß nicht mehr dargestellt werden. Bei 1 : 500000, der oberen Grenze geographischer Karten, können nur noch größte Siedelungen annähernd in Umrißform dargestellt werden, während mittlere und kleine bereits zum Punkte zusammengeschrumpft sind. Infolgedessen verzichtet die geographische Karte im allgemeinen nicht nur auf die Grundriß-, sondern sogar auf die Umrißdarstellung der Siedelungen und begnügt sich in erster Linie mit der Lagebestimmung derselben durch eine Signatur. Da viele Siedelungen, besonders ältere, — man denke an die befestigten Städte des Mittelalters — einen Umriß besitzen, der mehr oder weniger der Kreisform sich anschmiegt, so ist von jeher zur Darstellung der geschlossenen Siedelungen auf geographischen Karten ein kleiner Kreis — Ortsring — gewählt worden. Wenn nun auch die Verwendung dieses Zeichens über den Grund- und Umriß der Siedelungen nichts zu sagen vermag, so kann dasselbe doch so verwertet werden, daß es über die Größe, d. h. die Zahl der Einwohner, über die öffentlich rechtliche Stellung, ob Stadt, ob Dorf, und in Verbindung mit der Ortsschrift und anderen Signaturen über noch andere Fragen Auskunft gibt, die aus einem Grundriß ohne weiteres nicht zu ersehen sind, in vieler Hinsicht aber ebenso wichtig und noch wichtiger als dieser sind. Zunächst lassen sich die Ortsringe in verschiedenen Größen verwenden, dann kann der Ring mit einem in ihn gesetzten Punkt kombiniert werden, weiter können 2 konzentrische Ringe mit und ohne Punkt verwendet werden, ferner kann die Ringfläche schraffiert oder farbig gefüllt werden, endlich kann, da es sich doch nur um eine Signatur handelt, der Ring auch durch ein Viereck, Fünf- oder Sechseck u. ä. m. ersetzt werden. Auf diese Weise läßt sich eine Skala oder Stufenfolge der Ortszeichen herstellen, denen eine zweite Folge gegenübergestellt wird, welche die Siedelungen einesteils nach ihrer Eigenschaft als Stadt oder Dorf, andererseits nach ihrer Einwohnerzahl in bestimmte Stufen ordnet, derart, daß jeder Stufe ein bestimmtes Ortszeichen entspricht. So ist es vielfach üblich, die Stadt vom Dorfe durch den in den Ring gesetzten Punkt zu unterscheiden, so daß zwei gleich große Siedelungen z. B. den Ortsring in derselben Größe erhalten, aber durch den eingesetzten Punkt wird die eine als Stadt, durch das Fehlen desselben die andere als Dorf gekennzeichnet. In gleicher Weise wird auch die Schrift der beigesetzten Namen, wie noch gezeigt werden wird, abgestuft, und indem der Name einfach oder doppelt, schwarz oder farbig unterstrichen wird, kann der Ort als Hauptstadt eines Kreises, eines Bezirkes usw. leicht und unzweideutig gekennzeichnet werden. Eine besondere, meist sternförmige Ausgestaltung des Ringes dient dazu, den Ort als Festung zu charakterisieren u. ä. m. In welcher Weise und in welchem Umfange solche scheinbar unbedeutenden Zeichen dazu ausgenutzt werden können, die Bedeutung eines Ortes für seine nähere und weitere Umgebung zu charakterisieren, zeigen die Zeichenerklärungen auf den Karten der großen Handatlanten, wie auch zum Teil die Schlüssel zu den topographischen Karten. Zweifelsohne wird die Summe geistiger Arbeit, die in der Ausführung einer solchen Arbeit liegt, und die Summe statistischen und anderen Tatsachenmaterials, die eine in dieser Richtung bearbeitete Karte enthält, noch vielfach bedeutend unterschätzt. Das eingehende Studium dieser Erklärungen und Schlüssel ist daher allen Kartenlesern dringend zu empfehlen, es führt besser als lange Beschreibungen in das Verständnis der Karte ein. Es ergibt sich aber auch daraus, daß der Kartograph keineswegs nach topographischen Karten allein eine geographische Karte bearbeiten kann, sondern neben diesem Hauptquellenmaterial noch zahlreichen anderen Materials bedarf, das vielfach in gedruckter Form, in statistischen, technischen, militärischen, nautischen, postalischen Werken und Zeitschriften, in Kursbüchern usw. zerstreut vorhanden ist, und daß auch die Kenntnis der neuesten geographischen Literatur des darzustellenden Erdraumes unerläßlich ist. — Es braucht nach den früheren Ausführungen kaum noch darauf hingewiesen werden, daß die Ausführung der Ortssignaturen auf der Zeichnung durch Verwendung von Farben gleichfalls vereinfacht werden kann.

Dritter Abschnitt.

Die Kartenschrift.

1. **Bedeutung und Aufgabe der Kartenschrift.**[1]) Schon in den ältesten Zeiten und allüberall sind die einzelnen geographischen Objekte, wie Gebirge und einzelne Berge und Gipfel, Pässe, Täler, Flüsse mit Nebenflüssen und Armen, Wälder, Weichlandflächen, Meere und Meeresteile, Seen, schließlich auch die menschlichen Siedelungen usw. von den Ein- und Anwohnern mit Namen belegt worden zu dem Zweck, die einzelnen Objekte der gleichen Gattung voneinander zu unterscheiden, sie rekognoszieren und identifizieren zu können. Diese Namen sind allmählich Gemeingut geworden, und in neu erschlossenen und besiedelten

---

1) Vgl. dazu: H. Fischer, Anforderung der Vollständigkeit an die Karte, Ratzelgedächtnisschrift, Lpz. 1904. — Alter, Zeichnung und Schrift, Ztschr. f. Vermessungswesen. Bd. 33, S. 653, 1904.

Gebieten wiederholt sich auch noch heute dieser Vorgang. In Ländern, die nicht von Kulturvölkern in europäischem Sinne bewohnt werden und erst in der Gegenwart genauer bekannt geworden sind oder werden, findet man den gleichen Gebrauch der Namengebung vor, und teils werden die einheimischen Namen von den Kulturvölkern für den eigenen Gebrauch akzeptiert, teils werden Objekte von ihnen erst benannt, und sogar für die unbewohnten Eiswüsten der Arktis und Antarktis werden Namen gebraucht. Die Benennung geographischer Objekte ist also ein unumgängliches Bedürfnis, bewiesen durch tausendjährige, allgemeine Übung. Wiewohl die Namen im Gegensatze zu ihren Trägern nichts Körperliches sind, gehören sie doch auf und in das Abbild dieser, in die Karte. Dadurch, daß sie geschrieben, nicht wie ihre Träger abgebildet werden können, wird der Unterschied zwischen Namen und Träger, zwischen Körperlichem und Unkörperlichem sinnfällig ausgedrückt; aber ebenso, wie in der Wirklichkeit Objekt und Name unzertrennlich sind, und letzterer, wenn noch nicht vorhanden, so unentbehrlich ist, daß er in dem Augenblicke, wo der Mensch in Beziehung zum Objekte tritt, unbedingt erfunden oder geschaffen werden muß, so unzertrennlich und unentbehrlich sind auch die Namen in der geographischen Karte, weil hier es noch viel schwieriger, ja unmöglich wäre, die vielen unter sich sehr ähnlichen oder gleichen Linien und Zeichen ohne dieses Hilfsmittel voneinander zu unterscheiden und zu rekognoszieren. Die Kartenschrift ist also keineswegs, wie vielfach geglaubt wird, ein der Karte fremdes Element. Vielmehr ist sie, insofern sie infolge ihrer großen Ausgestaltungsfähigkeit dazu benutzt wird, die Sprache der Linien und Zeichen zu unterstützen und zu ergänzen, ein durchaus notwendiger und wesentlicher Bestandteil der Karte, und sogenannte stumme Karten haben nur insoweit eine Berechtigung, als sie bestimmten didaktischen Aufgaben dienen.

Die Beschreibung der Karte, die gewöhnlich nach der Auszeichnung der Situation und der Signaturen erfolgt, ist ein Teil der kartographischen Arbeit, der an Wichtigkeit keinem andern nachsteht, sorgfältig durchdacht sein muß und sowohl an die geistige Tätigkeit, wie die technische Geschicklichkeit große Anforderungen stellt.

Die Vorarbeit besteht in der Gruppierung der auf der Karte vorkommenden Objekte nach Gesichtspunkten, die sich aus deren Beschaffenheit und Bedeutung ergeben. Man wird diese Gruppen bilden, indem man z. B. Meere und ihre Teile, wie Randmeere, Binnenmeere, Buchten, Golfe, Busen zusammenstellt, ferner Länder, Landschaften, Gaue, weiter Ströme, Flüsse, Nebenflüsse, Ebenen, Hügelland, Gebirgsland, Berge, Pässe, Täler, Inseln und Halbinseln, Wüsten und Steppen, also nach einer Einteilung, der morphologische Gesichtspunkte zugrunde liegen; ferner werden nach politisch-administrativen Gesichtspunkten Gruppen gebildet aus Staaten, Provinzen, Kreisen, Groß-, Mittel- und Kleinstädten, Sitzen höherer und niederer Verwaltungsbehörden, Flecken und Dörfern usw., wobei natürlich Aufgabe und Größe der Karte ein wichtiger mitbestimmender Faktor ist, so daß eine erschöpfende Zusammenstellung dieser Gruppen hier ebensowenig möglich als nötig ist.

Da die Form der Schrift nicht starr, vielmehr sehr flüssig ist[1]), so

---

1) Hieraus erklärt sich auch, daß die Schriftformen mit der Geschmacksrichtung der Zeit sich ändern, weshalb man auch an der Kartenschrift die Entstehungszeit eines Kartenwerkes annähernd erkennen kann.

wird mehr vielleicht als auf einem anderen Gebiete in der Kartographie
diese Eigenschaft der Flüssigkeit dazu benutzt, durch die Schrift selbst die
geographischen Objekte sowohl hinsichtlich ihrer Beschaffenheit als auch
Größe zu kennzeichnen, indem durch die Form der Schrift die Gruppe,
durch die Größe die Stellung in der Gruppe für die einzelnen Objekte gekennzeichnet wird, derart, daß man schon aus dem Abdrucke der Schriftplatte — vielfach wird die Schrift gegenwärtig auf einem besonderen Steine
allein gestochen — die benannten Objekte auch ohne ihre Situationssignaturen ihrer Gruppenzugehörigkeit nach erkennen kann. Mit Ausnahme von
Rußland, in dem alle Karten in russischer Schrift beschrieben werden, bedienen
sich alle Staaten des europäischen Kulturkreises der lateinischen Schrift.

Eine erschöpfende Beschreibung der Kartenschriftgattungen und ihrer charakteristischen Unterscheidungsmerkmale in Worten zu geben, ist ebenso schwierig
wie zwecklos, weil das Wort hier versagen würde; nicht minder schwierig ist eine
streng systematische Scheidung der Gruppen, weil die Grenzen zu flüssig sind; indem auf den einzigen rationellen Weg, die Kartenschrift und ihre Gattungen kennen
zu lernen, nämlich auf den, sie eingehend zu betrachten und durch Übung im
Schreiben die kleinen Unterschiede deutlich zu erfassen, hingewiesen wird, sollen
hier in Kürze die wichtigsten Schriftgattungen berührt und in Verbindung damit
die weniger wichtigen erwähnt werden, ohne daß eine streng systematische Anordnung beabsichtigt wird.

2. Einteilung der Kartenschrift. Die drei Hauptgattungen der Kartenschrift sind 1. die Kapital-, 2. die Rotund- (Rund-), und 3. die Kursivschrift.

Die Kapitalschrift (Versalschrift) setzt sich aus den großen Buchstaben der Schriftgattung zusammen, die im Buchdruck „Antiqua" genannt
wird. Sie unterscheidet wie die Schreibschrift feine Auf- oder Haar-, und
starke Ab- oder Grundstriche. Je nach der Stärke der Grundstriche läßt
sich fette und magere, je nach der Breite der Buchstaben enge und
breite Schrift unterscheiden. Sie kann voll oder gefüllt, aber auch hohl
oder offen gebraucht werden. Bei der vollen bilden die Grundstriche einen
einzigen starken Strich, bei der hohlen bestehen sie aus zwei parallelen
dünnen Strichen, der Zwischenraum bleibt entweder ganz leer oder wird
schraffiert. Die Kapitalschrift wird stehend oder liegend gebraucht und in
verschiedenen Größen. Wird die Kapitalschrift derart modifiziert, daß Auf-
und Abstriche die gleiche Strichstärke haben (gleich fett sind) und daß
alle unwesentlichen, nur zur Verzierung dienenden Beistriche fortgelassen
werden, so entsteht die sog. Block- oder Steinschrift (im Buchdruck
auch Grotesk genannt), bei den meisten Buchstaben, wie bei **E L N M W T**,
wird dadurch der Eindruck hervorgerufen, als ob sie aus Blöcken oder
Balken zusammengesetzt sind. Werden aber die unwesentlichen Beistriche
an den Enden und Winkeln der Balken hinzugesetzt, so wird diese Schrift
ägyptische (Egyptienne) genannt. Ein scharfer Unterschied zwischen
beiden scheint indes nicht immer gemacht zu werden.

An zweiter Stelle steht die Rotund- oder Rundschrift, nicht zu
verwechseln mit der gleichfalls Rundschrift genannten modernen Schreib-

schrift. Sie entspricht der Antiqua des Buchdrucks, benutzt also als Anfangsbuchstaben die des großen Alphabets oder der Kapitalschrift und fernerhin die Buchstaben des kleinen Alphabets; auch hier unterscheidet man enge und breite, fette und magere, liegende und stehende; entsprechend modifiziert ergibt sich auch die Blockschrift in großen und kleinen Buchstaben und ebenso die ägyptische.

Die **Kursivschrift** unterscheidet sich nur wenig von der Rotundschrift, sie bildet gewissermaßen den Übergang zwischen dieser und der gewöhnlichen Schreibschrift und wird gleichfalls fett und mager, stehend und liegend und in verschiedenen Größen gebraucht.

Neben diesen Schriftgattungen, die allgemein gebräuchlich sind, findet man z. B. vornehmlich auf österreichischen Karten die **Schreib-Rundschrift** verwendet, die für gewöhnlich nur auf handschriftlichen Plänen (Katasterkarten usw.) gebraucht wird.

3. Verwendung der Schriftgattungen. Für die Verwendung der einzelnen Gattungen und ihrer durch Größe und Strichstärke gebildeten Untergruppen, die nach Bedürfnis noch durch kleine Abänderungen genügend variiert werden können, bestehen zwar keine absolut bindenden Vorschriften, doch haben sich solche aus langjähriger Übung und Erfahrung herausgebildet, die allgemein beobachtet werden, so daß immerhin sich einige leitende Normen aufstellen lassen.

Für die Stärke der Schrift ist vor allem der Untergrund bestimmend. Je heller, d. h. je weniger er durch Terrain- und andere Signaturen bedeckt und verdunkelt wird, desto dünner, magerer, schlanker kann die Schrift sein, ohne unleserlich zu sein oder ihren Eindruck zu verfehlen; auf dunklem Grunde, d. h. also in Gegenden mit stark entwickelten Oberflächenformen, sind starke und möglichst einfach gehaltene Schriftzeichen angebracht. Daraus ergibt sich, daß für Wasserflächen, Ozeane, Meere, Meeresteile, Seen offene Kapital- und magere, schlanke Rotundschrift passend und zweckmäßig ist, während für stark gegliederte Teile der festen Oberfläche, also für Gebirge, starke Kapital-, Block- und Rotundschrift nötig wird. Da seit kurzem es allmählich allgemeiner Brauch wird, im Gegensatze zu früheren Zeiten das Terrain nicht mehr in Schwarz, sondern in Braun zu drucken, so braucht allerdings die Schrift auf Terrainflächen nicht mehr so stark zu sein wie früher; denn auf dem braunen Untergrunde ist selbst schwache Schrift recht lesbar, und die Stärke hat hier jetzt mehr den Zweck, die Objektsgattung zu kennzeichnen.

Die Schriftgröße, die in gewisser Beziehung auch auf die Stärke einwirkt, dient dazu, die Größe der Objekte zu kennzeichnen, so daß man diese Absicht kurz formulieren kann: „je größer das Objekt, desto größer die Schrift". Wo es nötig wird, z. B. bei einer in kleineren Gruppen abzustufenden Ortsschrift, die daher zahlreiche Klassen umfassen kann, werden dazu nicht nur die drei Hauptgattungen selbst zugleich in verschiedener Größe und unter Umständen auch Stärke verwendet, sondern auch durch

Schriftproben aus physischen Erdteilsübersichtskarten
im Maßstabe 1 : 20 000 000.

ATLANTISCHER-OCEAN *Meere und Meeresteile: Offene Kapitalschrift.*
(zusammengezogen)
feine Rotund· u.Kursivschrift,
KARIBISCHES-MEER *je nach Grösse des Objekts.*
(normaler Buchstabenabstand)

Golf von Aden

G de S Matias. Bahia Blanca. B de Parenagua

Sicilien Trinidad *Martinique* *Inseln: Rotund- und Kursivschrift nach Grösse d.O.*

p. v. Gallinas *Vorgebirge, liegende Blockschrift.*

Hoher Atlas *Gebirge: Starke Rotundschrift nach Grösse d.O.*
Cord. central

Cotopaxi *Berge: Kleine Blockschrift.*

Congo Sankuru Pema *Flüsse: Stehende Kursivschrift je nach Grösse d.O.*

Tanganyika-See Bangualo *Seen: Stehende Rotund- und Kursivschrift nach Grösse d.O.*

Sandwüste Igidi od. Gidi ⎫
Pampas ⎬ *Natürliche Räume: Fette Kursivschrift, stehend oder liegend, nach Grösse d.O.*
Llanos ⎭

V E N E Z U E L A *Staaten: Feine Kapitalschrift nach Grösse d.O.*
HONDURAS

MONTEVIDEO PORTO ALEGRE *Städte: Feine Block-Rotund- und Kursivschrift nach Grösse d.O.*
Goyaz
Neuta

Anwendung der stehenden und liegenden Stellung eine weitere Differenzierung erreicht.[1]

Die Bestimmung der Schriftgattung und -größe für die einzelnen Objektsgruppen muß sich natürlich nach der Bestimmung und der Größe der Karte richten. Ein Objekt, das auf einer größeren Karte (Spezialkarte) eine hervorragende Bedeutung haben kann, kann auf einer kleineren (Übersichts-) Karte nebensächlich sein; das muß in der Schrift zum Ausdruck kommen. Was auf einer Länderkarte hervorgehoben werden muß, muß

---

1) Auch farbige Schrift wird neuerdings zur Differenzierung gebraucht. Die Atlanten von Debes und Sohr-Berghaus geben z. B. die Namen von Völkern, die als Naturvölker zu bezeichnen sind, in roter Farbe.

Schriftproben aus Länderkarten (geogr. Spezialkarten)
im Maßstabe 1 : 1500000 und 1 : 1000000.

DEUTSCHES REICH *Titelschrift, schraffierte Kapitalschrift.*

S A C H S E N *Staaten, Provinzen.*
W E S T P R E U S S E N *fette Kapitalschrift.*

O B E R F R A N K E N *Bezirke, Kapitalschrift.*

H I N T E R P O M M E R N *Größere Landschaften,*
U K E R M A R K *feine Kapitalschrift.*

O b e r l a n d *Kleinere Landschaften, feine Rotundschrift.*
Hockerland *je nach Größe des Objekts.*

PAS DE CALAIS *Department, Aegyptische Schrift (Kapital)*

N I V E R N A I S *Historische Landschaftsnamen Kapitalschrift*
A N G O U M O I S *je nach Grösse des Objekts.*

Die C h a m p a g n e *Landschaft, Rotundschrift.*

BERLIN HAMBURG BERGEDORF *Städtenamen, je nach Grösse d. O. stehende oder vorwärts liegende Blockschrift.*

Ludwigslust Putlitz *Städtenamen, je nach Größe stehende oder vorw. liegende Rotundschrift.*

Wittingen Gramschütz Damgast Flecken, Dörfer, je nach Grösse stärkere oder feinere Kursivschrift.

E r z - G e b i r g e *Gebirge, fette Rotundschrift je nach.*
H a r z *Grösse des Objekts.*

Schneekoppe Berge, fette Blockschrift. (klein)

BORNHOLM *Namen von Inseln* Pommersche Bucht *Buchten, nach Grösse*
FEHMARN *je nach Grösse d. O* Lübecker Bucht *d. O. abgestufte feine*
Norderney *in Kapital- od.* *Rotund- und stehende*
Helgoland *Rotundschrift.* *Hagensche Wiek* *Kursivschrift.*

Arkona Vorgebirge. liegende Blockschrift.

---

vielleicht auf einer Erdteilkarte, wenn nicht unterdrückt, so doch zurückgedrängt werden, und das erfolgt vielfach weniger durch die Signatur, als
durch die Schrift, die auch zueinander in Gegenseitigkeitsverhältnis stehen,
von denen aber die Signatur oft auf Karten verschiedener Maßstäbe doch
gleich groß bzw. klein sein muß, weil sie unter eine gewisse Größe nicht
heruntergedrückt werden kann; man denke an Ortsringe, Gipfelpunkte,

3*

Paßsignaturen usw.; in solchen Fällen kann nur noch die Schrift allein die Stellung des Objektes unter denen seiner Gattung einigermaßen kennzeichnen.

Da für die Verwendung der Schrift nach Gattung, Größe, Stärke und Stellung — hier auf den Schriftwinkel bezogen — nicht bindende Vorschriften, sondern nur im allgemeinen befolgte, aber doch dem Wechsel unterliegende Regeln aus Herkommen und Gewohnheit bestehen, so erübrigt es sich, darauf näher einzugehen; soweit aus den beigefügten Proben und Beispielen die Verwendung nicht zur Genüge ersichtlich ist, empfiehlt es sich, Karten, Kartenwerke und Atlanten nach dieser Seite hin eingehender zu untersuchen. Wenn auch diese im allgemeinen nur die Schriftabstufungen der Siedelungen genauer in den Titeln und Erklärungen zusammenstellen, so läßt sich doch durch Vergleiche von Karten verschiedener Maßstäbe in einem Atlas z. B. bald das Prinzip ermitteln, nach dem die Schrift für alle Objekte ausgeführt ist. Große Kartenwerke wie die Meßtischblätter, die Karte des Deutschen Reiches usw., aber auch Vogels Karte des Deutschen Reichs geben auf den Erklärungsblättern auch eine nach den Objektsgattungen geordnete Zusammenstellung der verwendeten Schriftarten, bei denen freilich die Benennung noch fehlt. Das einzige Beispiel unter den Atlanten ist in dieser Hinsicht Lüddeckes Schulatlas, der auch den Schriftarten die üblichen Benennungen hinzufügt, ein Beispiel, das allen Atlanten, vornehmlich den Handatlanten, zur Nachahmung nur empfohlen werden kann.

4. Stellung der Schrift. Die Stellung der Schrift an oder zu dem zugehörigen Objekte ist nach der vorher erledigten Festsetzung der Schriftgattung eine Aufgabe, die an den Kartographen große Anforderungen stellt, und die im allgemeinen um so schwieriger wird, je kleiner der Maßstab der Karte ist, je größer also für die Mehrzahl der Objekte oder ihrer Signaturen das Mißverhältnis wird, in dem sie zu der Schrift, die immer einen bestimmten Raum beansprucht, stehen. Maßgebend ist bei der Bestimmung der Stellung vor allem die Beschaffenheit des zu beschreibenden Objektes nach seiner räumlichen Gestaltung und Ausdehnung; es sind hier wie bei den Situationssignaturen punktartige, linien- und flächenhafte Objekte zu unterscheiden.

Zu den punktartigen Objekten zählen Siedelungen, Berggipfel, Pässe, Vorgebirge, kleinste Inseln, Riffe, Klippen u. ä. m., je nach dem Maßstabe der Karte. Allgemeine Regel für die Stellung der Namen dieser punktartigen Situationselemente ist zunächst, daß sie dem oberen bzw. unteren Kartenrande parallel gestellt werden; bei schwach gekrümmten Parallelkreisen dürfen sie sich auch dem Laufe dieser anschmiegen und man benutzt daher das eng ausgezogene Maschennetz gern zur Führung. Bei Karten der Polarkappen, auf denen die Parallelkreise geschlossene Kreise bilden, hat man die Wahl, an diesen herumzuschreiben, wie es z. B. die Polarkarte in Sydow-Wagners method. Schulatlas zeigt, die also beim Lesen gedreht werden muß, oder parallel zum unteren Blattrande zu schreiben, wie es auf den Polarkarten in Sohr-Berghaus und Andree's Handatlas geschehen ist. In gleicher Weise ist auch überhaupt bei Karten hoher Breiten und bei Erdteilkarten von Asien und Nordamerika, wenn sie in azimutalen Projektionen entworfen sind, nach der einen oder der anderen Seite hin eine vorhergehende Entscheidung zu treffen. Sodann gilt als zweite Regel, daß bei diesen punktartigen Objekten der Name dicht oberhalb der Signatur stehe.

Die strenge Beobachtung dieser Regel, die allen Zweifeln über die Zusammengehörigkeit von Signatur und Schrift vorbeugen würde, ist allenfalls auf großen topographischen Karten und Schulkarten möglich, wird aber selbst hier oft unbeachtet gelassen; im allgemeinen ist sie heute bei der zunehmenden Besiedelung der Kulturländer und den verhältnismäßig kleinen Maßstäben, die besonders bei Karten außereuropäischer Länder gegenwärtig möglich sind, nicht durchführbar. Die großen Kreise des Publikums, auf die bei Herstellung der Karten unbedingt gerechnet werden muß, stellen an den topographischen Inhalt Anforderungen, deren auch nur annähernde Erfüllung die Karten derart anfüllt, daß schlechthin jeder verfügbare Raum für die Unterbringung der Schrift benutzt werden muß, so daß auf eine unzweideutige Stellung zum Objekt kaum noch Rücksicht genommen werden kann, und tatsächlich oft genug Zweifel über die Zugehörigkeit entstehen, die erst durch Vergleichung mit den benachbarten Objekten und ihren Namen behoben werden können. Neben der Stellung über dem Ortszeichen findet man daher auch solche neben ihm — rechts sowohl wie links — auch unter ihm, ja sogar solche, die aus der allgemeinen Richtungslinie heraustreten.

Bei Objekten, die nahe der Küstenlinie größerer Wasserflächen liegen, benutzt man diese zur Unterbringung der Schrift, um dadurch Platz für die binnenwärts gelegenen Objekte zu gewinnen; die Stellung der Schrift ist dann meist parallel oder senkrecht zur Küstenlinie, je nach deren Verlauf zum Kartenrande oder Gradnetz.

Wesentlich einfacher gestaltet sich die Beschreibung linienhafter Objekte, für welche die Stellung naturgemäß in dem Verlauf der Linien vorgezeichnet ist. Sie folgt also dem Laufe dieser Linien, auch wenn diese einfach oder mehrfach gekrümmt sind, indem sie sich ihnen so weit wie möglich anschmiegt. Zu diesen Objekten gehören an erster Stelle die Flußlinien, denen an einer Seite der Name längs beigesetzt wird, und zwar wird für diese durchweg stehende oder sogar rückwärts (links) liegende Schrift verwendet, und abgesehen von größten topographischen Karten, die wie die Meßtischblätter für die Namen der Ströme Kapital-(Versal)-Schrift anwenden, wird sonst nur die Rotund- und Kursivschrift gebraucht. Die Länge der Objekte, vielfach daneben auch scharfe Krümmungen, erfordern häufig, die einzelnen Buchstaben in größeren Abständen als üblich zu setzen (zu sperren), doch soll die Schrift nie länger gedehnt werden, als daß der Zwischenraum zwischen zwei Buchstaben gleich der doppelten Buchstabenhöhe ist, lieber wird der Name wiederholt beigesetzt. Hierher gehören auch Eisenbahnlinien und Schiffsrouten, die durchweg geradlinig oder schwach gekrümmt verlaufen. Bei ersteren wird eine Bezeichnung meist nur auf aus Einzelblättern bestehenden Karten beigefügt, und zwar wird in der Randnähe eine Station des Anschlußblattes mit: „Von oder nach N." in kleiner Rund- oder Kursivschrift bezeichnet. Bisweilen werden auch die für die Linien gebräuchlichen Namen beigefügt, wie z. B. bei den nordamerikanischen Pazificbahnen. Bei den Routen der großen Dampfergesellschaften mit regelmäßigem Verkehr werden jetzt mehr und mehr, und nicht bloß auf Verkehrskarten, die Routen mit Angabe von Zwischenstationen,

Namen der Gesellschaften und oft auch der durchschnittlichen Fahrtdauer angegeben; da sie auf Wasserflächen verlaufen, wird schlanke, feine Schrift gebraucht, und es ist bei der Beschreibung darauf zu achten, daß die Namen der End- und Zwischenstationen nicht nur in der richtigen Reihenfolge stehen, sondern die Endstationen in ihrer Lage durch die Stellung der Namen gekennzeichnet werden, auch wenn infolgedessen eine solche Route von rechts nach links gelesen werden muß. Auf einer Karte der Nordsee und des Kanals muß also eine von Hamburg über Southampton nach New-York laufende Linie beschrieben werden: „New-York-Southampton-Hamburg".

Auf der Grenze zwischen den linien- und flächenhaften Objekten stehen die Gebirge, die sich vielfach aus einzelnen Ketten mit besonderen Namen zusammensetzen, die auf größeren Karten einzeln mit ihren besonderen Namen zu beschreiben nötig ist. Da sie aber auch zu der Gruppe der Oberflächenformen gehören, bei denen die flächenhafte Ausdehnung vorherrschend ist, sollen sie bezüglich der Beschreibung mit diesen zusammen behandelt werden.

Die flächenhaften Objekte sind auf den Karten durchweg in großer Anzahl vorhanden und zwar derart, daß eine bestimmte Kartenfläche in mehr als einer Hinsicht als Fläche zu charakterisieren und demnach zu beschreiben ist. Denn ein und derselbe Raum kann, je nachdem er als morphologisches oder politisches oder als Vegetationsgebiet u. ä. m. in Betracht kommt, ebensoviele Namen besitzen, deren vollständige Aufnahme in die Karte bisweilen erforderlich sein kann. Man hat daher zu unterscheiden zwischen 1. Gebirgen, Hochlands- und Tieflandsflächen, 2. Wüsten, Steppen, Weichlandsflächen, 3. Reichs-, Staaten-, Provinz-, Landschaftsflächen, bei letzteren noch verschiedenen Ranges oder Ausdehnung usw., ohne daß hiermit die Aufzählung erschöpft ist. Zu dieser Gruppe gehören endlich auch die Namen der Weltmeere, Meere allen Ranges, Meeresteile und der stehenden Gewässer oder Seen. Für diese Gruppen ist der Unterscheidung wegen auch je eine bestimmte Schriftgattung zu wählen, und innerhalb derselben wird die Größe und Stärke entsprechend der Bedeutung und Ausdehnung der Objekte abgestuft. Die Zahl der Abstufungen hängt wie auch bei anderen Objekten von dem Maßstabe und dem Zwecke der Karte ab.

Für die Namen von Wasserflächen aller Art verwendet man, wie schon erwähnt, offene Kapital- und schlanke magere Rotund- und Kursivschrift in stehender oder links liegender Stellung; für Gebirgsnamen, die auf dunklerem Untergrunde zu stehen kommen, werden fette Schriften verwendet und dabei auch die Haar- und etwaigen Beistriche bei Bedürfnis verstärkt, auch die Blockschrift wird jetzt öfters für diese Namen benutzt, und österreichische Karten benutzen die Schreibrundschrift, die eine kräftige Ausführung gestattet. Für Namen von Ebenen aller Art, Wüsten, Steppen u. ä. eignet sich wiederum offene oder magere Schrift. In solchen Schriftstärken werden auch die Namen von Landschaften geschrieben, die, obwohl noch gebräuchlich, doch durch neuere politisch-administrative Benennungen etwas zurückgedrängt sind, wie z. B. in Frankreich die Departementsnamen die Namen der natürlichen (historischen) Landschaften zurückgedrängt haben. Auch hier empfiehlt sich, da unmöglich auf alle Einzelheiten eingegangen werden kann, die Karten und Atlanten nach dieser Richtung hin eingehend zu studieren. Nicht minder wichtig wie die Bestimmung der Schriftgattung und -größe für die einzelnen Flächengattungen und ihre Untergruppen, ist die Anordnung und Unterbringung sowie die Stellung der Schrift auf dem Kartenblatte. Um die Zuordnung des Namens zu dem Objekte zu kennzeichnen, soll man den Namen so schreiben, daß er mit der Längsachse seines Gebietes möglichst zusammenfällt. Die Stellung der Flächennamen kann daher zu der der Siedelungsnamen sehr verschieden sein, und ebenso kann die Buchstabenfolge bald in einer geraden, bald in einer bogen-, bald auch in einer wellenförmigen Linie erforderlich sein; bald ist der Buchstabenabstand ein normaler, bald ist Sperrung, mitunter auch eine Verringerung des normalen Abstandes nötig. Eine sachgemäße Anordnung der Flächenschriften ist daher eine gewisse, nur durch Studium und Übung erreichbare Kunst, die viele Hindernisse zu überwinden hat, welche durch die sonstige Schrift- und die Situationszeichnung gebildet werden. Denn oft genug stellen sich einem geplanten Schriftzuge Objekte in den Weg, die unter keinen Umständen dem Flächennamen zuliebe fortgelassen werden können, so daß eine völlig neue Anordnung zahlreicher Namen an einer Stelle erforderlich wird. Auch hierfür bieten besonders die Karten der Handatlanten Beispiele von Schriftdispositionen, die geradezu als klassisch zu bezeichnen sind.

5. Höhen- und Tiefenzahlen. Zur Kartenschrift gehören auch die einzusetzenden Höhenzahlen. Diese werden in der Regel alle in derselben Zifferngröße und Stellung, d. h. entweder stehend oder liegend geschrieben. Treten Tiefenangaben von Gewässern hinzu, so unterscheidet man Höhen und Tiefen zweckmäßig durch stehende und liegende Zahlen; durch geringe Modifikationen können bei Tiefenangaben auch genau gelotete von solchen unterschieden werden, die Lotungen bezeichnen, bei denen bis zur bezeichneten Tiefe noch kein Grund erreicht worden ist.

Da die Höhenzahlen in gewissem Sinne auch Terrainsignaturen sein sollen, welche Eigenschaft namentlich bei Karten ohne Isohypsen in den Vordergrund tritt, so muß noch ein Wort bezüglich deren Auswahl hinzugefügt werden. Sind wenig Höhenzahlen in dem Gebiete bekannt, so wird man in der Regel alle aufnehmen; sind aber sehr viele bekannt, so hat man die charakteristischen auszuwählen. Solche sind nicht nur Gipfel- und Paßhöhen, sondern auch die Koten, welche Höhe und Neigung ebener Flächen zu beurteilen gestatten, z. B. bei einer vom Gebirge zu einem Strom sich hinziehenden Ebene einige Punkte am Gebirgsfuß und einige längs des Stromes; in Gebirgstälern die Höhen der wichtigeren Talweitungen und Stufenränder, bei Plateaus mit eingerissenen Flußläufen benachbarte Randhöhen und Flußspiegelhöhen; bei Terrassen die Koten korrespondierender Punkte der oberen und unteren Stufe usw. Planlos eingeschrie-

bene Höhenzahlen verwirren den Leser der Karte oft mehr als sie ihm
nützen.

Auch bezüglich der Schrift ist vor Überladung zu warnen; sie beeinträchtigt immer die Durchsichtigkeit der Situation und die plastische
Wirkung des Terrains und soll beide nicht undeutlich machen. Diese
Forderung läßt sich zwar bei geographischen Karten größeren Maßstabes,
an die heutzutage Anforderungen gestellt werden, die sie zu topographischen
Lexicis machen, nur schwer erfüllen, kann aber bei Karten mehr rein wissenschaftlichen Charakters durchgeführt werden.

6. Ausführung der Schriftzeichnung. Die Beschreibung einer Karte
ist nach den vorausgegangenen Ausführungen zunächst eine wissenschaftliche Aufgabe; sie ist aber auch eine, die an den ausführenden Kartographen
große Anforderungen hinsichtlich seiner manuellen Fertigkeit und seines
Geschmackes im Anordnen stellt. Auch hier leistet lange Übung, verbunden mit dem Studium sachgemäß beschriebener Karten die besten
Dienste. Anfängern ist zu empfehlen, um eine schön ausgeführte Situationszeichnung nicht etwa am Schlusse durch eine schlecht disponierte und ausgeführte Schrift zu entwerten, diese zunächst wenigstens hinsichtlich der
Flächennamen auf einer Pause zu entwerfen. Die auf die Zeichnung gelegte Pause ermöglicht es, ohne diese zu beschädigen, für die Flächennamen
und natürlich auch für alle anderen die passendste Stellung auszusuchen,
den Linienzug vorzuzeichnen, den Abstand der Buchstaben festzustellen
und zu ermitteln, ob mit ihnen andere Namen kollidieren oder von ihnen
Situationsobjekte verdeckt werden.

Weil es ganz unvermeidlich ist, daß die Schrift sich mit Situationsobjekten
aller Art kreuzt, und beide sich gegenseitig verdecken, wird schon vielfach die
ganze Schrift auf einer Pause ausgeführt oder, nachdem die Situation gestochen
ist, erst jetzt auf einem Abdrucke derselben eingetragen, wie bei dem Stiche der
Karten die Ausführung der Situation, der Schrift und des Terrains auf besonderen
Steinen sich mehr und mehr einbürgert. Es ist klar, daß, wenn bei einer inhaltsreichen Karte Situation und Schrift zusammen auf einem Blatte ausgeführt sind,
es für den Lithographen oder Stecher sehr mühevoll ist, beides beim Stiche scharf
auseinanderzuhalten, um so mehr, als in der Regel beides, sowohl die Situation
als auch die Schrift von anderer Hand gestochen wird, da die Lithographen gewöhnlich entweder für die Situation oder die Schrift oder das Terrain besonders
ausgebildet sind, so daß eine Karte bei der Reproduktion meist durch 3 verschiedene Hände geht.

Wird nun die Schrift auf einer Pause oder einem Situationsabdruck ausgeführt,
so kann auf solcher Unterlage die Anordnung stets geändert werden, ohne daß,
wie schon bemerkt, die Originalzeichnung geschädigt wird; die Schrift ist leichter
ausführbar, was nicht mehr besonders erwiesen werden braucht, kurz, diese ganze
Arbeit ist leichter und freier, und ebenso wird sie dem Schriftstecher erleichtert,
wenn er eine besondere Schriftvorlage hat und sie auf einem besonderen Steine
ausführt, wo er durch Situationsobjekte nicht beengt ist. Sind Situations- und
Schriftplatte gestochen, so werden beide mittels des Umdruckverfahrens auf einer
neuen Platte vereinigt, und etwaige sich alsdann ergebende Undeutlichkeiten, die
aus der Kollision der Situation und Schrift entstanden sind, beseitigt.

Vierter Abschnitt.
Die Terraindarstellung.

Erstes Kapitel.
Vorbemerkungen.

1. Aufgabe der Terraindarstellung. Die Situationszeichnung zeigt die gegenseitige Lage aller Objekte auf einer **Horizontalebene**, als welche die mathematische Erdoberfläche — der ideelle Meeresspiegel — angenommen ist (S. 3), dessen Verebnung der Kartennetzentwurf ist. In ihm ist jedes Objekt seiner horizontalen Lage nach durch die geographischen Koordinaten λ, φ bestimmt. Die Erdoberfläche ist aber nicht wie die Ebene des Kartenblattes, eine Fläche, d. h. ein zwei-, sondern ein **dreidimensionales** Gebilde. Die Situationszeichnung gibt demnach über den Abstand der einzelnen Punkte von der Projektionsebene keine Auskunft, kann also auch keine Vorstellung von den Formen der Oberfläche oder des Geländes (Terrain) geben. Es ist demnach eine besondere Aufgabe der Kartographie, auf der Ebene des Kartenblattes den Abstand der einzelnen Punkte von der Projektionsebene zur Anschauung zu bringen.

2. Verhältnis der vertikalen Dimensionen zu den horizontalen. Die Maße der **dritten** Dimension der Erdoberfläche sind im Vergleich zu den Maßen der beiden anderen verhältnismäßig sehr **gering**; sie erreichen im Maximum noch nicht einmal den absoluten Wert von rund 10 $km = 10000\,m$; denn die höchste Erhebung der Erdrinde, der **Mount Everest**, ist auf 8840 m ü. d. M., und die tiefste Tiefe des Weltmeeres, dessen Bodenformen darzustellen, gleichfalls Aufgabe der Terraindarstellung ist, ist zurzeit im Karolinengraben auf 9636 m u. d. M. festgestellt worden. Das sind im Vergleich zu den **linearen** Ausdehnungen der Oberfläche, die das Maximum von rund 40000 km (Äquator bzw. Meridianumfang) erreichen, geradezu **winzige** Werte. Um eine anschauliche Vorstellung von den Größenverhältnissen der dritten Dimension, der der Höhen und Tiefen, oder Erhebungen und Einsenkungen, zu gewinnen, empfiehlt es sich, diese zeichnerisch festzulegen durch Profile oder Aufrisse.

3. Der Aufriß oder das Profil. Indem man sich einen abzubildenden Erdraum oder auch die ganze Erde längs einer bestimmten Linie vertikal zerschnitten denkt, zeichnet man diese Linie auf, die je nach Maßstab und Ausdehnung gerade oder gekrümmt sein wird, und trägt auf ihr von einem vorher festgestellten Punkte die Entfernungen aller der Punkte auf, deren Höhen oder Tiefen für die Gestaltung der Oberfläche längs der Schnittlinie von Bedeutung sind; in diesen abgesetzten Punkten werden Normalen errichtet und auf diesen die zugehörigen Höhen und Tiefen, welche letzteren in diesem Falle zweckmäßig als **negative** Höhen angesehen werden können, in der gleichen Verjüngung der Profillinie abgetragen, und die so gewonnenen Punkte miteinander verbunden. Je nach der Zahl der eintragbaren Höhepunkte wird das gewonnene Profil ein mehr oder weniger genaueres Bild der Oberflächenbildung längs der Schnittlinie geben. Besonders instruktiv ist es, die Profile in den Maßstäben zu entwerfen, welche für geographische Karten durchgängig angewendet werden. Das gilt sowohl für kleinere Gebiete, als auch für Erdteile und die ganze Erde; für letztere genügt, wenn der Maßstab groß ist, schon das Profil längs eines Meridianquadranten, um das Verhältnis der Höhen und Tiefen zu den linearen Ausdehnungen zu veranschaulichen.

Einige Angaben mögen dazu dienen, dies Verhältnis ziffernmäßig auszudrücken und bei dem Entwurfe von Profilen gewisse Anhaltpunkte zu geben. Wird der Halbmesser der Erde auf 6370 km (S. 12) angenommen, so ist im Maßstabe 1 : 10 Mill., in welchem die Spezialkarten der außereuropäischen Erdteile in den Handatlanten von Debes, Sohr-Berghaus, und zum Teil auch von Andree entworfen sind, der Halbmesser eines Meridianschnittes 637 mm, der Durchmesser 1274 mm, der Umfang 4002,4 mm; der Mount Everest würde auf diesem Meridianschnitte eine Höhe von 0,88 mm erhalten; wollte man das Profil des durch ihn gehenden Meridianbogens vom Golf von Bengalen durch den Himalaya, Tibet, den Kwen-lun, das Tarimbecken, den Tienschan, die Dsungarei, den Altai und durch das sibirische Tiefland bis zur Taimyrhalbinsel entwerfen, längs welcher Linie sehr charakteristische Teile der Oberfläche Asiens zur Darstellung kommen, so erhielte dieser Bogen, der etwa 53 Breitengrade umfaßt, in obigem Maßstabe eine Länge von etwa 589 mm, und über ihm würde sich der Mount Everest, wie erwähnt bis zu 0,88 mm, die Hochebene von Tibet bis zu 0,5 mm, das Tarimbecken bis zu 0,1 mm, der Tienschau bis zu 0,6 mm, der Altai bis zu 0,45 mm erheben, während das sibirische Tiefland fast mit der Bogenlinie zusammenfiele. In dem zehnmal größeren Maßstabe von 1 : 1 Mill. ist der Meridianschnitt mit einem Halbmesser von 6,37 m zu beschreiben, der Durchmesser beträgt 12,74 m der Umfang 40,02 m. Der Mount Everest erhielte eine Höhe von 8,8 mm, und um den gleichen Betrag würden sich die übrigen Punkte des Profils erhöhen, aber ebenso der Bogen des Meridians vom Golf von Bengalen zur Taimyrhalbinsel von 589 mm auf 5890 mm oder 5,89 m anwachsen. In dem Maßstabe 1 : 1 Mill., der zu den größeren Maßstäben geographischer Karten zählt, sind z. B. entworfen die Alpenkarten in Debes Handatlas, die 6 Blattkarte von Frankreich in Andree's Handatlas, und ebenda die Karte von Norditalien, welche also alle die Alpen oder Teile derselben, d. h. der höchsten Erhebungen Europas abbilden. Der Mont-Blanc erhält in diesem Maßstabe eine Höhe von 4,8 mm; ein Profil der Linie Turin (240 m)-Mont-Blanc (4810 m)-Genf (370 m) besitzt nur die Längsausdehnung von etwa 175 km, die Teilstrecke Genf-Mont-Blanc gar nur die Länge von 66 km, welche Strecken hier im Profil durch ebensoviele Millimeter dargestellt werden; aber selbst auf diesen kurzen Strecken ist das Verhältnis der Höhe zur Länge noch immer minimal (4,8 : 66 = 1 : 13 etwa). Im Maßstabe 1 : 500000, der oberen Grenze geographischer Karten (Vogels Karte des Deutschen Reichs), erhält der Mont-Blanc die Höhe von 9,6 mm und der Mount Everest die von 17,6 mm dafür beträgt aber der Halbmesser des Meridianschnittes bereits 12,74 m.

In den erheblich größeren Maßstäben der topographischen Karten erhalten die Höhen bzw. Tiefen der Oberfläche naturgemäß auch erheblich größere Dimensionen; in 1 : 100000, dem Maßstabe der Karte des Deutschen Reiches, erhält der Mont-Blanc die Höhe von 48,1 mm, der Mount Everest die von 88,4 mm, und im Maßstabe der deutschen Meßtischblätter, 1 : 25 000, erhöhen sich diese Werte um das Vierfache auf 192 bzw. 354 mm. Es ist aber hier zu beachten, daß es gar nicht möglich ist, in diesen großen Maßstäben solche Erhebungen der Erdoberfläche, die bis zu mehr als 4000 m oder gar fast bis 9000 m über dem Meeres-spiegel ansteigen, im Rahmen eines handlichen Blattes derart abzubilden, daß die Erhebung vom Nullpunkte bis zur Kulmination auf ihm zu verfolgen ist. Für die Darstellung des Mont-Blanc z. B. vom Genfer See aus, der als Basisfläche in diesem Falle dienen könnte, wären in nord-südlicher Reihenfolge bis zum Gipfelpunkte 6 anstoßende Blätter im Formate der deutschen Meßtischblätter erforderlich; da diese eine Nord-Süd-Ausdehnung von je rund 44 cm besitzen, so ergibt sich daraus für eine Karte in diesem Maßstabe, die vom Genfer See bis zur Mont-Blancspitze reicht, eine Nord-Südausdehnung von 2,64 m, auf welcher Strecke eine Erhebung von 4810 m — 370 m (Höhe des Genfer Sees) zur Anschauung zu bringen wäre, die im Maßstabe 1 : 25000 sich auf 177,6 mm stellt. Ähnlich verhält es sich auch mit anderen großen Erhebungen der Erde, wie dem Himalaya, der aus der Gangestiefebene, oder den Kordilleren Nord- und Südamerikas, die sozusagen un-mittelbar vom Meeresspiegel aus sich erheben. Daraus ergibt sich, daß ein Einzel-blatt einer topographischen Karte in der Regel nur relative Höhen, nicht absolute zur Anschauung bringt. Auf der Karte der Zugspitze z. B., welche im Maßstabe 1 : 10000 von dem bayerischen Generalstabe herausgegeben ist, hat die Zugspitze als Kulminationspunkt die Höhe von 2964 m ü. d. M. Es kommt aber nur ein Höhenunterschied von 1724 m zur Darstellung, weil der niedrigste Punkt der Karte eine Höhe von 1240 m hat. Dieser Unterschied beträgt im Maßstab der Karte 172,4 mm. Die vierblättrige „Schneeberg-, Raxalpe- und Semmering-karte" von J. J. Pauliny in 1 : 37500 zeigt im Klosterwappen des Hoch-Schnee-berg den höchsten Punkt mit 2075 m; der niedrigste im Siernningbachtal ist 420 m hoch, der größte Unterschied beträgt also 1655 m, welche in diesem Maß-stabe durch 44 mm dargestellt werden.

Die Geringfügigkeit auch der höchsten Erhebungen der Erdoberfläche, die sich aus dem Vergleiche mit den anderen Dimensionen der Erde ergibt und die offenbar zu einem großartigen Gegensatze zu der Großartigkeit steht, in der unserem Auge sehr viele Erhebungen entgegentreten, macht sich in noch höherem Maße als bei dem Entwurfe von Profilen bei der Ausführung wirklich körperlicher Abbildungen von Oberflächenteilen, der Reliefe, fühlbar. Während bei der Profilzeichnung eine feine Linie sich allen Formen anzuschmiegen vermag, und das Profil als Seitenansicht die Neigungsverhältnisse so deutlich wie nur möglich veranschaulicht, bietet das Relief wie die Karte die Ansicht von oben, und das Material, aus dem es besteht, besitzt nicht die Anpassungsfähigkeit und Geschmeidig-keit der von geübter Hand gezogenen Linie. Darum machen sich die Höhenunter-schiede selbst bei größeren Maßstäben in Reliefen nur schwach bemerkbar, und deshalb wird bei diesen Nachbildungen der Erdoberfläche fast stets zur Darstellung der Höhenverhältnisse ein größerer Maßstab verwendet, als der, welcher den horizontalen Dimensionen zugrunde gelegt ist. Diese Überhöhung, wie man die Verwendung verschiedener Maßstäbe — eines kleineren für die horizontalen Dimen-sionen, eines größeren für die vertikalen — bezeichnet, ist gewöhnlich um so größer, je kleiner der Horizontalmaßstab ist. Es wird dadurch freilich eine schärfere Herausarbeitung der Terrainformen, eine sichtbarere Abstufung der Höhen erzielt, aber unter Hintenansetzung und Preisgabe der Naturtreue, die bei topographischen und geographischen Karten ebenso das Ziel der Terraindarstellung sein soll, wie sie bei der Darstellung der Situation als ganz selbstverständlich für die linearen und flächenhaften Dimensionen vorausgesetzt und gefordert wird.

Um sich daher eine richtige Vorstellung von den Dimensionen und der son-stigen Beschaffenheit der Oberflächenformen zu verschaffen, ist es zweckmäßig, be-vor man an die Ausführung des Terrains einer Karte geht, von dem abzubildenden Gebiete einige Profile, welche dasselbe in verschiedenen Richtungen aufschließen, zu entwerfen, und zwar nicht nur im Maßstabe der Karte, sondern auch noch in anderen größeren und kleineren Maßstäben unter Anwendung des jeweils gleichen

Maßstabes für die Höhen, also ohne Überhöhung. Indem diese Profile die Erhebungen und Vertiefungen eines Oberflächenstückes in ihren wahren Vertikalabmessungen bieten, geben sie das anschaulichste und zuverlässigste Bild sowohl von den absoluten, als auch relativen Höhenverhältnissen und weiterhin auch von dem Verhältnis der Erhebungen oder vertikalen Dimensionen zu den horizontalen; indem die Profile eine Seitenansicht bieten, geben sie gleichzeitig Aufschluß über die wahren Neigungs- oder Böschungsverhältnisse der Erhebungen, welche die Betrachtung an Ort und Stelle zu gewähren selten imstande ist; denn die Wirklichkeit bietet eine Beobachtung der wirklichen Böschungswinkel nur in beschränktem Maße, und da meist die Böschungsflächen dem Auge des Beobachters zugekehrt sind und somit den Neigungswinkel verdecken, kommt es, daß diese Winkel meist erheblich überschätzt werden. Die Profile sind demnach geeignet, die aus der Betrachtung der Geländeformen an Ort und Stelle gewonnenen, meist übertriebenen Vorstellungen von Neigungs- und Höhenverhältnissen auf das richtige Maß zurückzuführen, sodann aber auch geeignet, einen Maßstab zu geben für das Maß der Anforderungen, die an die Terraindarstellung je nach dem Kartenmaßstab gestellt werden können und ausführbar sind. Hierauf sowie über die besondere Eigenschaft und Stellung, welche die Profillinie in der Terraindarstellung auf der Karte selbst besitzt, wird noch späterhin eingegangen werden.

Zweites Kapitel.

Darstellung der Höhen durch Isohypsen.

1. Die charakteristischen Linien des Terrains. Wie der Netzentwurf und die Situationszeichnung auf mathematischer Grundlage fußen, muß auch die Terraindarstellung von einer solchen ausgehen. Schon die Eintragung der Höhe über dem Meeresspiegel, bei den einzelnen Punkten der Situation, die doch durch die mathematische Operation der Messung ermittelt ist, weist auf diese Grundlage hin; sie genügt aber nicht, weil die bloße Zahl nichts Anschauliches ist, auch dadurch nur einzelne, nicht alle Punkte nach ihrer Höhenlage gekennzeichnet werden, und daher auch der Zusammenhang und Übergang zwischen Höhen und Tiefen, d. h die Neigungsverhältnisse des Terrains, die nicht minder wichtig sind als die absoluten Höhenverhältnisse, nicht ersichtlich gemacht werden. Die Natur selbst aber zeigt den Weg, auf dem die Neigungsverhältnisse ersichtlich gemacht werden können. Denn an jedem Punkte des Terrains zeichnen sich zwei aufeinander senkrechte Richtungen bezüglich ihrer Neigungsverhältnisse vor allen anderen aus; das sind die Richtung stärkster Neigung gegen die Horizontalebene, also die Richtung, welche freifließendes Wasser nehmen würde, und die Richtung geringster Neigung, die Richtung, in welcher man sich im Terrain fortbewegen kann, ohne an Höhe einzubüßen noch zu gewinnen, die Horizontale. Man wählt zur Eintragung von einem gegebenen Punkte aus zunächst die Richtung der geringsten (nullgleichen) Neigung, weil sie die Gesamtheit aller Punkte des Terrains verbindet, die in gleicher Höhe über dem Meereshorizont liegen; man nennt eine nach diesem Gesetze gezogene krumme Linie eine Horizontale oder Isohypse. Wird eine solche Linie mit der Zahl bezeichnet, die ihre Höhe über dem Meere angibt, so gibt ein einziger Blick auf die Karte eine Übersicht über alle Punkte, welche diese Höhe haben, denn sie bilden eben diese krumme Linie.

2. Die Isohypsen oder Äquidistanten Horizontalen. Man weiß aber auch, daß überall die Richtung des stärksten Falles senkrecht auf dieser Linie steht. Wenn noch eine oder mehrere benachbarte Horizontalen, die höhere oder tiefere Punkte miteinander verbinden, eingezeichnet sind, so kann man auch sofort angeben, nach welcher Richtung Steigung, nach welcher Fall stattfindet. Ein System von Isohypsen ist also ein gutes Mittel, um eine geometrische Vorstellung von der Terrainform zu verschaffen. Man gibt zu diesem Zwecke den Isohypsen gleiche Vertikalabstände, d. h. man denkt sich das Terrain von einem System von Horizontalebenen, die von der Meeresfläche den Abstand von n, $2n$, $3n$, $4n$, $5n$, ... Meter haben, geschnitten. Die Schnittlinien mit der Terrainoberfläche sind die äquidistanten Horizontalen oder Isohypsen. Abgesehen von dem schnellen Überblicke, den dieselben, wenn sie in die Karte eingezeichnet sind, von den Punkten gleicher Höhe gewähren, haben sie noch andere Eigenschaften, die ihren Wert beträchtlich erhöhen. Vor allem läßt ihre Gestalt die allgemeine Form des Terrains alsbald überschauen. Wenn z. B. eine Bergkuppe vorhanden ist, so schneidet diejenige Isohypse, deren Höhe der Gipfelhöhe am nächsten kommt, eine kleine Kuppe des Berges ab, umgibt also als geschlossene Kurve den Punkt, der den Gipfel darstellt. Die nächst niedrigere Isohypse umgibt wieder die vorherige in einer weiteren Kurve usw. Bildet dagegen das Terrain eine lang hingestreckte Kette mit einem geradlinigen Kamm von gleichförmiger Höhe, so erscheint die Kammlinie im Bilde beiderseits begleitet von ihr annähernd parallel verlaufenden Isohypsen; Einknickung der Isohypsen gegen den Bergkörper zeigt eine Schlucht, ein Tal an, Ausbiegung einen Bergvorsprung usw.[1])

3. Fallinien, Profile, Böschungsmaßstab. Die zur Isohypse senkrechte Richtung zeigt, wie schon gesagt, die größte Neigung an, und eine der wichtigsten Eigenschaften derselben ist, daß die längs einer solchen Linie größten Falles gemessene Entfernung zweier Isohypsen den Neigungswinkel erkennen läßt. Diese Eigenschaft ergibt sich aus der Betrachtung des Profils.

Unter einem Profil versteht man, wie aus früheren Bemerkungen hervorgeht, die Durchschnittlinie des Terrains mit einer Vertikalebene, und die Wiedergabe von Profilen in den gebräuchlichen Kartenmaßstäben bildet ein wichtiges Mittel zum Verständnis des Terrains. Durch jeden Punkt der Erdoberfläche gehen unendlich viele Vertikalebenen; wählt man darunter diejenige aus, in welcher die Richtung stärksten Falles liegt, so gibt die Neigung der Profillinie gegen die Horizontalebene geradezu

---

1) Eingehendere Darlegungen über die Beziehungen des Isohypsen- und Schraffenbildes zu den Geländeformen finden sich vornehmlich in den Anleitungen zum militärischen Aufnehmen, z. B. in Biebrach, der Fähnrich als Topograph — oder Leitfaden für den Unterricht in der Terrainlehre an den Kriegsschulen. Berlin, Mittler & Sohn.

die größte Neigung des Bodens im betrachteten Punkte. Ist P Fig. 4
dieser Punkt, PQ ein kurzes Stück der Profillinie, PH eine Horizontale
durch P, so ist α der Neigungswinkel des Terrains oberhalb P. Ist QH
eine Horizontalebene durch Q und QR eine Senkrechte, so ist

$$\operatorname{tg} \alpha = QR : PR.$$

Die Profilebene schneidet den Meereshorizont in einer Geraden OJ, und
diese Gerade ist in der Karte das Bild der Profillinie. Um die Bildpunkte
einzelner Punkte P und Q des Profils zu finden, hat man diese durch

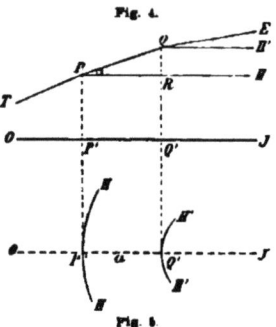

Fig. 4.

Senkrechte PP' und QQ' zu projizieren. $P'Q'$
ist also das Kartenbild der Terrainstrecke PQ.
Die Isohypsen durch P und Q stehen aber
senkrecht auf der Linie der stärksten Neigung
PQ, folglich senkrecht auf der Profilebene,
und da diese als Horizontalkurven sich unverändert auf die Kartenebene abbilden, so
wird auch die Gerade OJ in P' und Q' senkrecht von den Isohypsen geschnitten, so daß
also der Grundriß sich so darstellt, wie Fig. 5,
wo HH und $H'H'$ Stücke der durch P' und
Q' gehenden Isohypsen sind. Demnach ist

Fig. 5.

$P'Q' = PR$ der in der Karte gemessene kür-
zeste Abstand der zwei Isohypsen. Nennt man diesen a, die Höhen-
differenz QR der beiden Isohypsen e, so ist

$$\operatorname{tg} \alpha = e : a.$$

Sind die Horizontalen äquidistant, und ist e ihr Abstand, die sogenannte Äquidistanz, so hat diese Größe im ganzen Gebiete der Karte
einen unveränderlichen, ein für allemal festgesetzten Wert, die Tangente
des Neigungswinkels ist also überall umgekehrt proportional dem Abstand a
der Isohypsen. Um das sichere Ablesen der Neigungsverhältnisse aus einer
Isohypsenkarte zu ermöglichen und die jedesmalige Ausrechnung obiger
Formel zu ersparen, entwirft man einen Böschungsmaßstab. Man legt

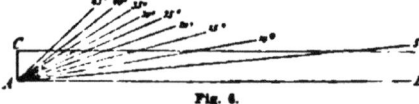

Fig. 6.

zu diesem Zwecke an eine
Linie AB die Winkel 5°, 10°,
15° usw. an, trägt dann auf
der Senkrechten AC den
Schichtenabstand e im Maßstab

der Karte auf und zieht dann durch C eine Parallele zu AB. Die Abstände der Schnittpunkte 5, 10, 15 ... von C sind die Isohypsenabstände,
welche den Neigungswinkeln 5°, 10°, 15°,... entsprechen. Genauer erhält man den Böschungsmaßstab, wenn man aus obiger Formel den Wert
von a für die Winkelwerte 5°, 10°, 15°,... berechnet und von C aus aufträgt.[1]) Um die Neigung an irgendeiner Stelle der Karte zu bestimmen,

---

1) Vgl. Schulze, Das militär. Aufnehmen, Leipzig 1903, S. 176 ff.

nimmt man den Abstand der beiden benachbarten Isohypsen in den Zirkel, setzt ihn im Punkte C des Maßstabes ein und liest an der anderen Spitze den Neigungswinkel ab, wobei man die Abweichung von einer der durch 5 teilbaren Gradzahlen nach dem Augenmaß auf einzelne Grade genau schätzt.

4. Isohypsenkonstruktion. — Brechungslinien des Terrains. Es bleibt noch zu zeigen übrig, wie nach dem von der Aufnahme direkt gelieferten Material die Isohypsenkonstruktion ausgeführt wird. Die Aufnahme liefert eine größere Anzahl von über das darzustellende Terrain verteilten Höhenpunkten. Die Verwendbarkeit derselben zur Konstruktion der Isohypsen hängt nicht nur von ihrer Zahl, sondern namentlich von ihrer Auswahl ab, die dem Aufnehmenden obliegt. Da eine Ebene durch 3 Punkte oder durch eine Gerade und einen Punkt bestimmt ist, so ist es ganz überflüssig, in einer Fläche von ganz gleichförmiger Neigung mehr als 3 Punkte zu bestimmen, vielmehr kommt alles darauf an, die Grenzlinien und Eckpunkte der Terrainteile, d. h. die Linien und Punkte, in welchen eine ebene Fläche von bestimmter Neigung an andere von verschiedener Neigung anstößt, festzulegen. Man nennt sie die Brechungslinien und Brechungspunkte des Terrains. Sie bilden die Kanten und Ecken des ungeheuer vielflächigen Polyeders, als welches man die Erdoberfläche auffassen kann. An Stellen gleichförmig sich krümmender Terrainoberfläche ohne eigentliche Brechungslinien sollen die Höhenpunkte vorzugsweise längs der Linien stärksten Falles angeordnet sein.

Sind alle Eckpunkte des Polyeders, d. h. alle Brechungspunkte des Terrains in die Karte eingetragen und ihre Höhe über dem Meeresspiegel gemessen, so ist es eine höchst einfache geometrische Operation, die Lage von Zwischenpunkten beliebiger Höhe anzugeben. Sind P und P' (Fig. 7) Punkte in der Grenze einer Polyederfläche, d. h. eines gleichförmig geneigten Terrainstückes, und ist diese Figur in der durch P und P' gelegten Profilebene entworfen, sind ferner H und H' die diesen Punkten zugehörigen Meereshöhen, so liegt die gerade Verbindungslinie

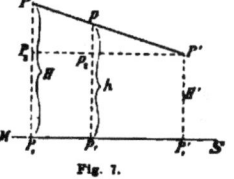

Fig. 7.

PP' im Terrain und es läßt sich sofort auf ihrer Darstellung in der Karte der Punkt p angeben, der eine gewünschte zwischen H und H' liegende Höhe h besitzt. Projiziert man nämlich die Punkte auf den Meeresspiegel MS, so erhält man in $P_1 p_1 P_1'$ die Lage der Punkte, wie sie in der Karte, nur im Maßstabsverhältnis verkleinert, erscheinen.

Ist der Abstand der Punkte in der Karte:

$$P_1 P_1' - P_2 P' - D, \quad P_1' p_1 - P' p_2 - d,$$

so ergeben die Dreiecke $PP'P_2$ und $pP'p_2$:

$$d - D \cdot \frac{h - H'}{H - H'}.$$

Auf diese Weise bestimmt man in der Verbindungsgeraden zweier benachbarten Punkte, deren Höhen gemessen sind, die Durchschnitte der dazwischen liegenden Isohypsen, indem man für h in obige Formel nacheinander die Meereshöhen derjenigen Isohypsen
einsetzt, die zwischen H und H' liegen.

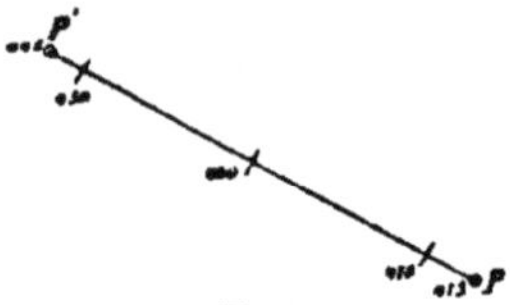

Wäre z. B. $H = 473\,m$, $H' = 448\,m$, und
sollten die Isohypsen von 10 zu 10 m eingezeichnet
werden, so gehen zwischen beiden Punkten die Isohypsen 450, 460, 470 hindurch; man hat also
dem h nacheinander die 3 Werte zu erteilen und
erhält dann die Abstände d_1, d_2, d_3 von P', in denen
diese Verbindungslinie PP' von diesen 3 Horizontalen getroffen wird, wie Fig. 8
zeigt. Die Abstände von P' aus gerechnet haben hier die Verhältnisse:

$$d_1 : d_2 : d_3 : D = 2 : 12 : 22 : 25.$$

Fig. 8.

Um Strecken von beliebigen Längen in gegebenen Verhältnissen teilen zu
können, wie es hier erforderlich ist, gibt es mechanische Mittel. Das einfachste
derselben bietet millimetrisch eingeteiltes Pauspapier. Numeriert man die Centi-
meterlinien mit 0, 10, 20, 30, ..., so wird jede Gerade, die auf der Millimeter-
linie 48 mm beginnt und auf 73 mm endigt, durch die zwischenliegenden 3 Centi-
meterlinien im oben verlangten Verhältnis geschnitten. Man hat also nur das
Pauspapier so lange zu drehen, bis P' auf die Linie 48, und gleichzeitig P auf 73
zu liegen kommt, und dann mit Nadel oder Stift die Schnittpunkte der Geraden PP'
mit den Linien 50, 60, 70 durchzudrücken. Bei der Ausführung solcher Konstruktionen hat man sich nur stets zu vergewissern, daß die beiden Punkte auch
wirklich demselben ebenen Terrainstück angehören, daß zwischen ihnen keine Un-
gleichförmigkeiten der Neigung mehr vorkommen.

Wenn zwischen allen im Terrain bestimmten Höhepunkten auf der
Karte die Durchschnitte der Isohypsen bezeichnet sind, so verbindet man
diese Durchschnittspunkte durch stetig verlaufende Kurven und erhält so
das fertige Isohypsenbild.

Bei der Anwendung dieser Grundsätze auf die Darstellung des Meeresbodens
in Seekarten erhält man die Isobathen oder Linien gleicher Tiefe. Beifolgende
Figur 9 zeigt oben ein Netz von Höhepunkten und darunter seine Benutzung zur
Isohypsenkonstruktion im Maßstabe $1 : 10000$. Während im allgemeinen die
Isohypsen von 5 zu 5 m ausgezogen sind, ist zwischen den beiden Kuppen noch
je ein Stück der beiden Isohypsen von 122,5 m punktiert eingetragen. Zur Ver-
deutlichung sind die Profile (Fig. 10) beigefügt, ein Längsprofil AB über beide
Kuppen und ein Querprofil CD über den Sattel, längs der südwärts herabgehenden
Schlucht. Die Höhen (über 100 m) sind im fünffachen Maßstabe (Überhöhung)
der Längen, also in $1 : 2000$ aufgetragen, um die Höhenunterschiede zu markieren.
Der Böschungsmaßstab gestattet in der Karte alle Neigungen zu bestimmen.

Drittes Kapitel.

Darstellung der Böschungen und Formen durch Schattentiefe (Schattenplastik).

I. Darstellung in senkrechter Beleuchtung (Böschungsplastik). Die
Isohypsen, welche uns auf einer Höhenschichtenkarte als reelle Linien
entgegentreten, sind gleichwohl, wie schon aus den vorhergegangenen Aus-

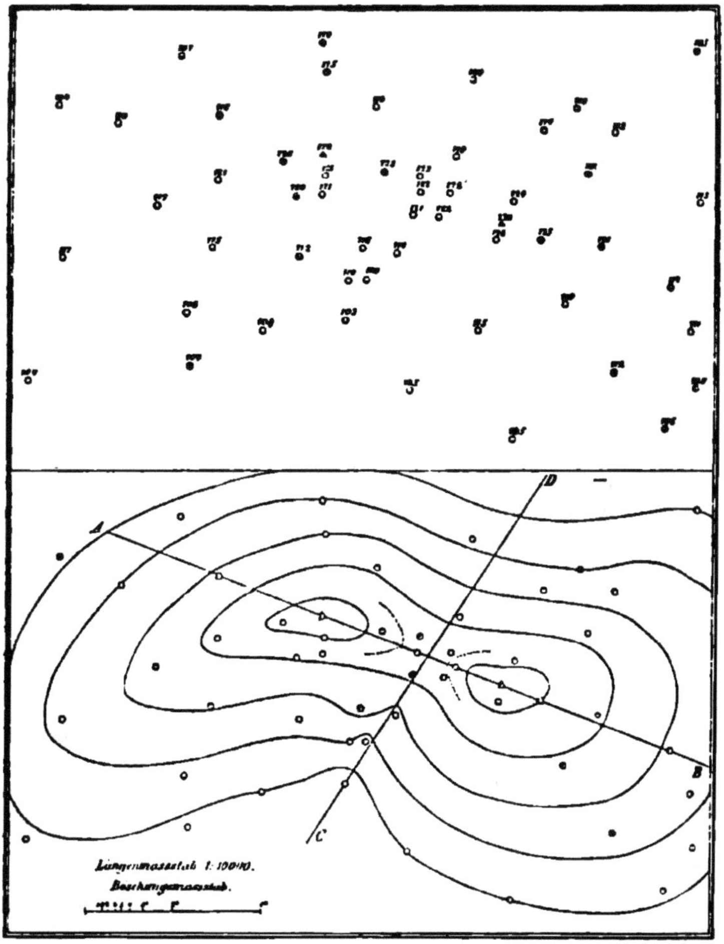

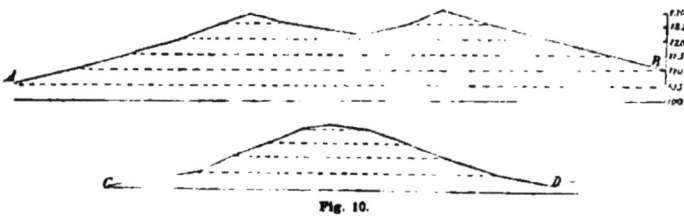

Fig. 9. Isohypsenkarte.

Fig. 10.

führungen hervorgeht, keine in der Natur vorkommenden wirklichen Linien, es sei denn, daß zufällig einmal eine Brechungslinie mit einer Isohypse die gleiche Meereshöhe hätte und somit mit ihr zusammenfiele. Trotzdem erfüllt die Isohypsenkarte im wesentlichen bereits die Aufgabe, auf der zweidimensionalen Kartenebene die dreidimensionale Form der Erdoberfläche eindeutig abzubilden; denn auf einer solchen Karte ist jeder Punkt nach den drei geographischen Koordinaten der geographischen Länge und Breite, sowie der absoluten Höhe über der Nullfläche bestimmbar. Während indes geographische Länge und Breite, oder statt dessen allgemein die Lage in der Projektionsebene nicht bloß meßbar, sondern auch anschaulich sind, ist die dritte Koordinate, die der Höhe nur meßbar. Denn im allgemeinen besitzt die Isohypsenkarte keine Anschaulichkeit. Wohl lassen sich aus der Form der Linien und der Gestalt und Größe der von ihnen eingeschlossenen Böschungsflächen Schlüsse auf die Gestalt der Formen ziehen; wohl wird, wenn infolge größerer Neigungswinkel die Isohypsen näher aneinander rücken, dadurch eine gewisse Anschaulichkeit der Formen, besonders für geübtere Augen, erzeugt; aber eine objektive Anschaulichkeit der dreidimensionalen Oberflächenformen, aus der nicht nur die Formen, sondern auch die Höhenverhältnisse, d. h. Höhenunterschiede auf den ersten Blick erkennbar sind, besitzt die nur gedachte Linien abbildende Isohypsenkarte nicht. Nichtsdestoweniger ist sie die einzige Grundlage, von der eine Terraindarstellung ausgehen kann, denn die Isohypsenkarte liefert den geometrischen Grundriß der körperlichen Oberfläche in den verschiedenen Horizonten.

Diese beschränkte Anschaulichkeit zeigen z. B. die Meßtischblätter, welche stark gegliederte Gegenden, wie z. B. den Harz, oder das Riesengebirge, oder die Umgegend des Turmberges in der pommerschen Seenplatte u. a. darstellen. Auch an den Blättern der topographischen Übersichtskarte des Deutschen Reiches 1 : 200000, z. B. dem Blatt 169, Straßburg i. E., läßt sich diese Wirkung der dichtgedrängten Isohypsen an dem Schwarzwaldanteil wahrnehmen. Wo aber die Böschungswinkel kleiner werden und die Isohypsen auseinander rücken, verschwindet, wie genanntes Blatt gleichfalls zeigt, diese Wirkung, und eine Vorstellung von mäßig gewelltem Gelände aus einer Isohypsenkarte allein zu gewinnen, ist zwar nicht unmöglich, erfordert aber ein sehr eingehendes Studium der Linien im einzelnen und im ganzen. Die Anschaulichkeit wohnt der Isohypsenkarte daher nur in den Fällen inne, wo Gelände mit steilen Neigungswinkeln dargestellt wird.

In diesem Falle erzeugen die dicht gedrängten Isohypsen eine Art Schattierung, wirken also optisch, und man hat diese Wirkung noch dadurch erhöht, daß man an steileren Böschungen die Strichstärke der Isohypsen noch verstärkt hat. Man bezeichnet diese Manier als Horizontalschraffenmanier: in ihr sind z. B. die norwegischen Amtskarten in 1 : 200000 ausgeführt. Diese Manier genügt aber im allgemeinen nicht den Anforderungen an eine objektiv richtige Darstellung: sie ist zunächst schwer ausführbar, weil sie sehr genaue Höhenbestimmungen in großer Anzahl voraussetzt, bei flachem, wenig gegliederten Gelände genau so wie die strenge Isohypsenkarte ihre Wirkung verliert, unübersichtlich wird und Höhenunterschiede auf den ersten Blick wahrzunehmen auch nicht ermöglicht. Selbst zahlreich beigesetzte Höhenzahlen und die besondere Strichstärke für bestimmte Höhenlinien verschaffen eine Übersicht über die Höhen nicht. Sie wird auch nur selten angewandt und darum hier auch nur andeutungsweise berührt. Doch soll auf ihren Grundfehler ausdrücklich hingewiesen werden: indem die Horizontalschraffenmanier zur Darstellung steiler Böschungen die Isohypsen verbreitert und verstärkt, vernichtet sie zugleich das Wesen der Isohypsen, lediglich Linien, und zwar gedachte zu sein.

1. Die Linie stärksten Falls als Schraffe. Der Umstand, daß die Isohypsen den Grundriß liefern, ermöglicht, wie schon gezeigt, die Konstruktion von Aufrissen oder Profilen, und führt damit dazu, auch die Profillinien bei der Terraindarstellung zu verwerten; wählt man unter den möglichen Profilen diejenigen aus, die mit der Richtung des stärksten Falls zusammenfallen, so werden diese Linien, wie auch schon gezeigt, in der Karte durch die Linien abgebildet, welche die Isohypsen rechtwinklig schneiden, oder alle in einer Richtung stärksten Falles liegenden Punkte der Isohypsen auf dem kürzesten Wege verbinden. Die Verbindung dieser Punkte der Isohypsen auf der Kartenebene ist also die Projektion oder das Bild der Profillinie. Das Bild einer solchen Profillinie oder Linie stärksten Falles wird sich in der Karte als eine gerade oder auch gekrümmte Linie darstellen, welche durch die Isohypsen in verschieden große Abschnitte zerlegt wird, je nach der Größe des Neigungswinkels innerhalb der durch die Isohypsen begrenzten Schichten; je geringer die Neigung, desto größer, je größer die Neigung, desto kleiner das Bild des Profillinienabschnittes; mit anderen Worten, die Größe des Abschnittes ist eine Funktion des Neigungswinkels α. Ist PQ (Fig. 4) ein Abschnitt einer solchen Linie, α der Neigungswinkel an der unteren Isohypsenfläche, QR der Schichtenabstand, so ist PR die Projektion von PQ oder das Bild von PQ in der Karte und es ist $PR = PQ \cos \alpha$. Es liegt nun nahe, jeden Abschnitt der Profillinie zwischen je 2 Isohypsen entsprechend der Größe des Neigungswinkels stärker oder schwächer auszuziehen, so daß an der Stärke der Abschnitte der Grad der Neigung zu erkennen ist. Eine derartig ausgeführte Linie wird sich also aus verschieden starken Abschnitten, die stets von 2 Isohypsen begrenzt werden, zusammensetzen, und diese Teillinien, die sowohl den stärksten Fall als auch den Grad des Falles veranschaulichen, werden Schraffen oder Bergstriche genannt.

Es lassen sich Skalen entwerfen, in denen jedem Neigungswinkel eine entsprechende Stärke der Schraffen und ein ebenso entsprechend bestimmter Schraffenabstand oder Zwischenraum zugeordnet wird. Bei der Ausführung solcher Skalen stellt sich sofort heraus, daß es nicht möglich ist, für jeden Grad der 90 möglichen Neigungswinkel eine bestimmte Schraffenstärke und Abstand zu bilden; das ist aber auch nicht nötig; denn selbst für größte Maßstäbe genügt es durchaus, die Neigungswinkel in Gruppen von je 5 Grad zusammenzufassen, so daß die Skalen nur 18 Stufen zu umfassen brauchen. Da aber Neigungen von 60° und mehr Grad kaum noch zu erklettern sind und dem Auge schon fast als senkrecht erscheinen, kann selbst auf Spezialkarten davon Abstand genommen werden, solche Neigungen noch zu spezialisieren, so daß im allgemeinen eine zwölfstufige Skala ausreicht und die Böschungstreue in praktisch genügendem und ausführbarem Umfange gewahrt wird.

2. Die Lehmannsche Schraffenskala. Den Gedanken, die Linie des stärksten Falles, projiziert auf die Kartenebene und dem Neigungswinkel entsprechend abgestimmt, als Schraffe für die Terraindarstellung auszuwerten, hat zuerst der sächsische Major J. G. Lehmann (1765—1811) gefaßt und in einem streng durchdachten und wissenschaftlich begründeten System zur Ausführung gebracht. Sein 1799 erschienenes Werk: „Darstellung einer neuen Theorie zur Bezeichnung der schiefen Flächen im Grundriß oder der Situationszeichnung der Berge" bezeichnet den Beginn der Epoche einer nach wissenschaftlichen Grundsätzen ausgeführten Terraindarstellung und ist auch heute noch in seinen Grundsätzen maßgebend, wohl verbessert, aber nicht überholt oder gar entwertet.

Den Ausgangspunkt seiner Theorie bildet die Annahme einer senkrechten Beleuchtung, als deren Quelle man, da die Sonne nur innerhalb der Wendekreise, und auch hier nur für Augenblicke, eine solche senkrecht strahlende Lichtquelle bildet, ein künstliches Licht annehmen mag, das ein der zu entwerfenden Karte entsprechendes Relief bescheint.[1]) Fallen, wie vorausgesetzt, die Lichtstrahlen senkrecht auf dasselbe, so werden die horizontalen Flächen am stärksten beleuchtet, alle geneigten Flächen schwächer, und zwar um so schwächer, je geneigter sie sind. Bei 90° Neigung, d. h. senkrechter Stellung zur horizontalen Reliefbasis, laufen die Lichtstrahlen parallel zu dieser Abhangsfläche, treffen sie demnach garnicht und erhellen sie auch nicht. Bezeichnet man die Lichtmenge, welche eine horizontale Fläche erhält, mit 1, so ist das Quantum, das auf einen senkrechten Abhang fällt gleich 0, und alle Flächen, deren Neigung zwischen den Richtungen „Horizontal" und „Vertikal" liegen, erhalten ein Quantum, das zwischen 1 und 0 liegt, je nach dem Grade der Neigung, und die Stärke der Beleuchtung hängt, wie leicht ersichtlich, vom Cosinus des Neigungswinkels ab. Ist z. B. dieser Winkel gleich 45°, so beträgt die Helligkeit der unter 45° beschienenen Fläche, da cos 45° — 0,71 ist, 0,71 der Helligkeit einer horizontalen Fläche, die senkrecht bestrahlt wird.

Da bei Lehmann militärische Gesichtspunkte bei der Entwicklung seiner Theorie durchaus vorherrschten, so hielt er es, in der Annahme, daß

---

1) Aus den eben vorhergehenden Ausführungen ergibt sich übrigens, daß die Annahme einer senkrecht über der abzubildenden Fläche befindlichen Lichtquelle garnicht nötig ist, wie Lehmann sie noch angenommen hat; es genügt völlig, die Strichstärke und den Strichabstand lediglich vom Neigungswinkel abhängig zu machen. Indem man damit die Frage nach der Lichtquelle vermeidet, erübrigt sich auch die Annahme einer stofflichen Beschaffenheit der Erdoberfläche, die sich überall und immer gleichmäßig in der Beleuchtung verhält und Reflexe ausschließt; es werden alle optisch-physikalischen Nebenfragen ausgeschaltet und die streng geometrische Grundlage und Verhältnis der Schraffe zur Isohypse gewahrt. Lediglich in Rücksicht auf die übliche Bezeichnung ist „die senkrechte Beleuchtung" als Kennwort beibehalten. Bei der „schiefen Beleuchtung" ist diese Ausschaltung der Lichtquelle und Verlegung der Theorie auf ein rein geometrisches Verhältnis wohl nicht so einfach.

Flächen von mehr als 45° Neigung für militärische Operationen nicht mehr in Betracht kommen, für ausreichend, seine Neigungsskala innerhalb der Grenzen von 0° bis 45° nach diesem Gesichtspunkte auszuführen, und alle mehr als 45° betragenden Neigungen als unbesteigbar zu betrachten und demgemäß als unbeleuchtet anzusehen und darzustellen. Die Neigungen von 0° bis 45° teilte Lehmann sodann in 10 Gruppen zu je 5° ein und stellte für diese den Grundsatz auf, daß sich die Stärke der Schraffe zu dem Zwischenraum bis zur nächsten Schraffe verhalte, wie der zugehörige Böschungswinkel α zu seinem Ergänzungswinkel auf 45°, also zu 45° — α.

Es verhält sich also

bei 0° Böschung Schraffe zu Zwischenraum wie 0 : 45 — 0 : 9,
„ 5° „ „ „ „ „ 5 : 40 — 1 : 8,
„ 10° „ „ „ „ „ 10 : 35 — 2 : 7,
„ 15° „ „ „ „ „ 15 : 30 — 3 : 6,
„ 20° „ „ „ „ „ 20 : 25 — 4 : 5,
„ 25° „ „ „ „ „ 25 : 20 — 5 : 4,
„ 30° „ „ „ „ „ 30 : 15 — 6 : 3,
„ 35° „ „ „ „ „ 35 : 10 — 7 : 2,
„ 40° „ „ „ „ „ 40 : 5 — 8 : 1,
„ 45° „ „ „ „ „ 45 : 0 — 9 : 0.

Es ist hier absichtlich gesagt „Schraffe zu Zwischenraum". Lehmann kannte nur die Anwendung schwarzer Farbe auf weißem Papier, daher für seine Zeit zu sagen wäre: „Schwarz zu Weiß". Neuerdings wird jedoch mehr und mehr die braune Farbe für die Terrainzeichnung verwendet, und auch die Verwendung absolut weißen Papieres ist heute nicht mehr selbstverständliche Voraussetzung. Da es klar ist, daß auch auf einem irgendwie getonten Papiere mit Braun oder einer anderen Farbe in gleicher Weise verfahren werden kann, so ist es wohl richtiger jetzt „Schraffe zu Zwischenraum" zu sagen.

Nachdem so, wie vorstehend, das Verhältnis der Schraffe zum Zwischenraum theoretisch bestimmt ist, erübrigt noch, die Schraffen- und Zwischenraumstärke in absolutem Maße zu bestimmen; das geschieht, indem festgesetzt wird, wieviel Striche auf ein Centimeter nebeneinander zu ziehen sind. Diese Zahl richtet sich nach dem Maßstab der Karte und ist kleiner für größere Maßstäbe bis zu einer Maximalskala, größer für kleinere bis zu einer Minimalskala. In den Zeichenvorschriften der verschiedenen topographischen Abteilungen der verschiedenen Landesaufnahmen ist die Strichzahl für jeden Maßstab als Ergebnis praktischer Versuche genau festgesetzt. So ist z. B. für die Karte des Deutschen Reiches in 1 : 100000 die Zahl der Schraffen bei Neigungswinkeln von 5° bis 40° auf 34 für 1 cm festgesetzt.

Der Wunsch, die Neigungsskala leichter lesbar zu machen, veranlaßte den preußischen General v. Müffling, unter Festhaltung der geometrischen Grundlage die einzelnen Stufen noch durch die Gestalt der Striche zu unterscheiden; er führte punktierte, geschlängelte und abwechselnd dicke und dünne Striche ein und ließ die Beleuchtungsgrenze erst bei 50° eintreten, so daß 11 Stufen vorhanden sind. Für die preußische, jetzt auf das ganze Deutsche Reich ausgedehnte Generalstabskarte in 1 : 100000 kommt eine aus der Lehmannschen und Müfflingschen Stufenleiter kombinierte Skala zur Anwendung, indem bis 10° Müfflingsche, von da ab Lehmannsche gezeichnet werden.[1]) Für die Bedürfnisse im Flachland ist dabei die Stufe für 1° Neigung gebildet worden, und für die Bedürfnisse im Hochgebirge hat das allein in Betracht kommende Bayern die Beleuchtungsgrenze bis 60° hinaufgeschoben. In Österreich, wo das Hochgebirge räumlich sehr stark verbreitet ist, ist die Grenze sogar bis 80° hinaufgeschoben. Die am Schlusse beigegebene Tafel enthält eine Zusammenstellung der 5 verschiedenen Skalen.[2]) Das Verhältnis von Schwarz zu Weiß (S : W) für jede Stufe ist bei 3 derselben beigeschrieben.[3]) Wie schon erwähnt, wird neuerdings auch Braun statt Schwarz als Farbe für die Schraffen gewählt und die deutsche Karte in 1:100000 erscheint jetzt in einer besonderen Ausgabe, auf der die Schraffen nicht in Schwarz, sondern in Braun gehalten sind; auch werden die Isohypsen, welche die einzelnen Schraffenstufen begrenzen und in der Schwarzdruckausgabe nicht mitgedruckt werden, in der Braundruckausgabe wenigstens in Intervallen von je 50 m eingedruckt.

In einem mittels Schraffen dargestelltem Terrain sind die Isohypsen als nur fingierte Linien nicht nur Hilfslinien zur Einzeichnung der Gefällslinien, wie Lehmann geglaubt haben dürfte, — er hat sie nur als solche benutzt und dann entfernt, und diese Methode ist bis zur Gegenwart befolgt worden; erst jetzt werden sie öfters in den Karten endgültig belassen, und wenn sie auch die anschauliche Wirkung der Schraffenzeichnung nicht erhöhen, so lassen sich doch mit ihrer Hilfe die Höhen- und Neigungsverhältnisse leichter beurteilen, da in ihnen Anhaltspunkte für Vergleiche derselben untereinander gegeben sind; denn als geometrische

---

1) S. Schulze, milit. Aufnahmen, S. 174.

2) Diese Skalen befolgen, wie die beigesetzten Verhältniszahlen für W. und S. zeigen, nur im allgemeinen den Satz, daß mit wachsendem Böschungswinkel entsprechend dem cos auch die Beleuchtung abnimmt; die danach konstruierten Schattenstufen sind demnach durchweg bezüglich ihrer optischen Wirkung übertrieben, oder „optisch überhalten". Diese „Überhaltung" ist aber keineswegs dasselbe, was eine Überhöhung beim Relief ist, die stets eine Veränderung der Winkel und damit auch eine der Formen im Gefolge hat. Da auf der Karte die dritte Dimension nur in der Projektion auf die Kartenebene vorhanden ist, so können demnach auch nicht ihr angehörende (Vertikal)-Winkel, also auch Formen nicht verändert werden; die optische Überhaltung bewirkt nur eine größere Anschaulichkeit der Formen, die bei strenger Innehaltung des Satzes: „die Beleuchtung nimmt entsprechend dem cos des wachsenden Böschungswinkels ab" nicht genügend zu erreichen ist. Aus diesem Grunde, daß keine Winkel- und Formenänderung bewirkt wird, ist auch gegen eine optische Überhaltung nichts wirklich stichhaltiges einzuwenden — Vgl. Peucker, Schattenplastik, S. 36 ff. und 3 Thesen, das S.-A. und Penck, Neue Alpenkarten, Geogr. Ztschr. 1903, IX, 372. — Stellt man sich dagegen auf den streng geometrischen Standpunkt, daß die Schraffe als Projektion der Gefällslinie dem Neigungswinkel oder Isohypsenabstand entsprechend in ihrer Strichstärke abgestimmt wird, so kann von einer Überhaltung nicht mehr gesprochen werden. Die optische Wirkung ist dann lediglich von der gewählten Strichskala abhängig, die entweder wie bisher — etwas inkonsequent gegen das angenommene Beleuchtungsprinzip — direkt zum Neigungswinkel in Beziehung gesetzt wird, oder richtiger zu dem cos desselben in Beziehung gesetzt werden sollte.

3) Die österreichische Skala ist für die Neubearbeitung der Spezialkarte neuerdings etwas abgeändert worden, vgl. Peucker, Schattenplastik S. 38; da aber, wie die Übersichten in den Mitt. des milit. geogr. Institutes zeigen, bisher nur wenige Blätter in Neubearbeitung erschienen sind, wird die alte Skala einstweilen noch hier beibehalten.

Grundlage der Schraffen, deren Schattentiefe sich besser schätzen als messen läßt, haben sie auf topographischen Karten zur Lagenbestimmung in der dritten Dimension den gleichen Wert, wie auf geographischen Karten das Gradnetz zur Bestimmung der horizontalen Dimensionen.

Die einzelnen Schraffen sind nur in einer gewissen, für jedes Auge verschiedenen, aber meist geringen Entfernung als solche erkennbar und auseinanderzuhalten; wird diese Entfernung überschritten, so gehen die Schraffen für das Auge mit ihren Zwischenräumen ineinander über, sie verschwimmen, und der Gesamteindruck, den nunmehr das Terrainbild dem Auge bietet, ist so, als ob die Flächen verschiedener Neigung zwar alle in einer Farbe, aber in verschiedener Stärke oder Abstufung (Abtönung) angelegt sind.

Ist z. B. Schwarz die Farbe der Schraffen, so ergibt sich aus dem Ineinandergehen derselben mit ihren weißen Zwischenräumen für das Auge im allgemeinen der Eindruck einer grauen Farbe in wechselnden Abstufungen vom tiefsten Grau (fast — Schwarz) bis zum hellsten Grau (fast — Weiß), während bei Braun sich eine Abstufung auch in den tiefsten Tönen als Braun gibt. Diese optische Wirkung, welche hier durch das Nebeneinander von Schraffen und Zwischenräumen in verschiedenen Stärken, also gewissermaßen durch die Auflösung einer ursprünglich gleichmäßig angelegten farbigen Fläche in verschieden starke farbige und farblose (weiße) kleinste Teilflächen (Linien) hervorgebracht wird (Raster), kann aber auch dadurch erreicht werden, daß die durch Schraffen-(Raster-)Töne hervorgebrachten Abstufungen ersetzt werden durch in derselben Weise abgestufte Flächentöne derselben Farben. Indem der Pinsel an die Stelle der Feder tritt, wird die Schraffenmanier ersetzt durch

3. Die Tuschmanier. Die Abstufung der Flächentöne wird hier dadurch bewirkt, daß die Flächen, welche schattiert werden sollen, mit einem gleichmäßig hellen grauen oder braunen Ton angelegt werden, und dann die Flächen stärkerer Neigung dieser entsprechend durch wiederholtes Auftragen der Farbe auf die erforderliche Tonstärke gebracht werden. Dies Verfahren, das gegenüber der mühsamen Schraffierung viel schneller ausgeführt werden kann, ist auch erheblich schneller zu erlernen, und selbst bei geringerer Übung kann man damit gefällige und plastische Geländedarstellungen erzeugen; aber diese besitzen auch nicht die Genauigkeit, welche durch die Schraffenmanier erreicht werden kann, und die Isohypsen sind bei in Tuschmanier (Schummerung, Lavierung) ausgeführtem Terrain nicht gut zu entbehren, weil sonst die Neigungsrichtungen nicht zu erkennen sind; auch vermag die Tuschmanier nicht wie jene die feinen Übergänge auf kleinen Flächen, wodurch die Einzelformen des Geländes erst zur Anschauung gebracht werden, hervorzubringen.

Karten, in denen auf Grund eines Isohypsennetzes das Gelände in senkrechter Beleuchtung, sei es durch Schraffen, sei es durch Schummerung, ausgeführt ist, lassen also vor allem an dem Wechsel von Hell und Dunkel oder von Licht und Schatten die Neigungs- oder Böschungsunterschiede der einzelnen Geländeformen erkennen. Jeder Böschungswinkelgruppe entspricht eine bestimmte Helligkeitsstufe und die mit wechselndem Neigungswinkel wechselnde hellere oder dunklere Schattierung der Flächen und Abhänge erzeugt ein plastisch wirkendes Bild des dargestellten Oberflächenstückes. Indem bei dieser auf dem Mittel der Schattenplastik beruhenden Darstellung nicht so sehr die Formen des Geländes, als seine **Böschungsverhältnisse** herausgearbeitet werden, kann diese Darstellungsart als **Böschungsplastik** bezeichnet werden, deren wichtigste Eigenschaft die **Böschungstreue** innerhalb der gewählten Neigungswinkelskala ist.

4. Eigenschaften der Darstellung in senkrechter Beleuchtung. Die schattenplastische Geländedarstellung mit senkrechter Beleuchtung oder Böschungsplastik erfüllt jedoch nicht völlig die Forderung, welche bezüglich der Darstellung der dritten Dimension noch erhoben werden kann: sie gibt keine Auskunft über die **Höhenverhältnisse**. Eine in dieser Manier ausgeführte Karte läßt zunächst nur erkennen, was eben, was flach oder steil geneigt ist, und insofern läßt sich auch innerhalb eines kleinen Flächenstückes mittelbar erkennen, was höher und was niedriger liegt; ob aber voneinander entferntere Punkte gleich oder verschieden hoch liegen, und wie groß etwa der **Höhenunterschied** ist, darüber gibt diese Darstellungsart keine unmittelbare Auskunft; es fehlt ihr die **Höhenplastik**, welche die Höhenunterschiede anschaulich hervorhebt; es ist daher nötig, eine solche Karte auch noch mit **Höhenangaben** zu versehen, und diese, wie auch die etwa darin belassenen **Isohypsen** ermöglichen erst, die Höhenunterschiede festzustellen, ohne sie indes anschaulich zu machen. Ein zweiter Mangel, der dieser Darstellungsart anhaftet, ist der, daß sie nicht für alle Oberflächenformen gleichmäßig eine eindeutige Darstellung liefert. Sie gibt dort richtige klare und eindeutige Abbildungen des Geländes, wo dieses starke Gegensätze in den Böschungen zeigt, wo steile Abhänge unvermittelt in wenig oder gar nicht geneigte ebene Flächen übergehen, und demnach auch im allgemeinen die Höhenunterschiede nicht zu groß sind. Wenn aber die Oberfläche aus Erhebungen besteht, deren Böschungswinkel nur wenig untereinander abweichen und wenn diese gleichmäßig geböschten Gehängeflächen unmittelbar Λ-förmig (antiklinal) oder V-förmig (synklinal) zusammenstoßen, kann die Geländedarstellung in senkrechter Beleuchtung nur ein wenig gegliedertes, einförmiges Abbild liefern, weil sie aus sich allein nicht die Gefällsrichtung erkennen läßt. Das ist ganz besonders bei der Tuschmanier (Schummerung) der Fall, aber auch die Schraffenmanier gibt in diesem Falle kein eindeutiges Bild. Die Schraffe ist zwar die Projektion der Linie stärksten Falles, gibt aber für sich allein keine Auskunft über dessen Richtung oder die beiden Punkte „Oben und Unten"; es bedarf also anderer Anhaltspunkte, um die Fallrichtung oder „Oben und Unten" in solchen Fällen zu unterscheiden. Wo solche gleichmäßig geböschten Gehängeflächen synklinal zusammenstoßen, also ein Tal bilden, ist in der Regel in einem Wasserlaufe der Anhalt gegeben, die Neigungsrichtungen der ebenso gleichmäßig schattierten Flächen zu erkennen; wo die Gehänge aber antiklinal zusammenstoßend einen Rücken oder Kamm bilden, ist dies nur möglich, wenn beigesetzte Höhenzahlen über die Höhen Auskunft geben; man sucht diesem Übelstande bisweilen dadurch abzuhelfen, daß man die schmale Kammlinie, an der die Gehängeflächen scharf zusammenstoßen, ein wenig verbreitert, wodurch aber der irrige Eindruck hervorgerufen wird, als ob statt eines scharfen Firstes oder Grates ein breiterer Rücken in der Natur vorhanden ist[1]). Dieser Mangel der senkrechten Beleuchtung macht sich vornehmlich bei der Darstellung von Gebirgen mit ausgeprägten scharfen Kämmen fühlbar, die meist auch Hochgebirge sind, bei denen im allgemeinen die Böschungswinkel ziemlich gleichmäßig sind.

II. Darstellung in schräger Beleuchtung (Formenplastik). Die Schraffen- (und Tusch-)manier bei schräger oder schiefer Beleuchtung steht in einem scharfen Gegensatze zu der senkrechten Beleuchtung.

Es ist klar, daß mit dem Augenblicke, in dem man den Einfall der (fingierten) Lichtquelle aus der Vertikal-(Normal-)Richtung aufgibt, die Wahl ihres Standpunktes ganz willkürlich wird, indem nicht nur ihre Höhe über dem Horizonte oder der Einfallswinkel der Lichtstrahlen ganz beliebig bestimmt werden kann, sondern auch ihre Richtung ganz beliebig bestimmt werden kann. Allerdings ist bisher in allgemeiner Übereinstimmung der Einfallswinkel mit 45° Neigung und die Richtung der Strahlen von Nordwesten her angenommen worden; für die Wahl der Richtung ist augenscheinlich der für zeichnerische Arbeiten allgemein als passend anerkannte Lichteinfall von links oben (Fenster an der Nordseite) bestimmend gewesen. Diese Richtung steht aber auch ziemlich normal zur Hauptrichtung der Schweizer Gebirge, Jura sowohl wie Alpen, welcher Umstand die Anwendung der schrägen Beleuchtung von Nordwesten her in der Schweiz für Karten dieses Landes außerordentlich begünstigt hat, derart, daß es kaum noch eine Karte dieses Landes geben dürfte, die nicht in dieser Manier gezeichnet ist, so daß seine Oberfläche in einer anderen Darstellung zu betrachten gar nicht möglich ist, und die von seiner Oberflächengestaltung heute allgemein verbreitete Vorstellung zweifelsohne einseitig und in vielen Fällen irrig sein dürfte.

1. Die schiefe Beleuchtung der Dufour-Karte und anderer Kartenwerke. In der schiefen Beleuchtung, die in ihren Anfängen älter ist als die Geländezeichnung in senkrechter, ist vor allem die Dufour'sche Karte der Schweiz in 1:100000 ausgeführt, deren künstlerische Ausführung und darauf beruhende plastische Wirkung ihr zweifellos die große Anerkennung verschafft hat, deren sie sich bis in die jüngste Gegenwart erfreut.

Neben verschiedenen Spezialkarten von Teilen der Schweizer Alpen, die unter Benutzung der Isohypsenkarte des Siegfriedatlas (Topogr. Atlas der Schweiz in 1:50000) bearbeitet sind[2]), und Karten des Deutschen und Österreichischen Alpenvereins[3]) sind es vornehmlich die Alpenblätter[4]) der Hand- und Schulatlanten, die in dieser Geländedarstellung ausgeführt sind, und zwar letztere derart, daß nur die Hochgebirgspartien im wesentlichen die schiefe Beleuchtung, und im Inter-

---

1) Penck, Neue Alpenkarten, Geogr. Ztschr. 1903, IX, S. 381; P. bezeichnet die Einschaltung oder Verbreiterung der Kammlinie als eine Fälschung des Grundrisses; es ist wohl richtiger, hier ebenso von einer Übertreibung zu sprechen, wie bei Fluß- und Wegelinien (s. S. 25), da eine Kammlinie doch immerhin vorhanden sein muß, deren etwaige, geringfügige Übertreibung sie einerseits wahrnehmbar macht, andererseits die Fallrichtungen erkennen läßt.

2) Von den vielen Karten dieser Art seien nur einige genannt: Karte des Kanton Glarus 1:50000, Winterthur. — Prättigau 2 Bl. 1:50000. Bern. — Evolena-Zermatt-Monte Rosa 1:50000 Bern.

3) Oetztal u. Stubai 1:50000, herausgeg. v. deutsch-österr. Alpenverein 1893.

4) Handatlanten von Stieler, Debes, Andree usw.

esse einer größeren Plastik sogar in wechselnder Richtung zeigen, während das
sonstige Gelände in senkrechter Beleuchtung ausgeführt ist; diese Inkonsequenz
ist auch auf Vogels Karte des Deutschen Reichs in 1 : 500000 zu finden. Denn
trotz der weiten Verbreitung, welche die schiefe Beleuchtung namentlich für Hoch-
gebirgsdarstellungen gefunden hat und findet, sind die Karten, von einigen noch zu
erwähnenden Ausnahmen abgesehen, nicht nach einer wissenschaftlich begründeten
und konsequent durchgeführten Theorie, sondern vielmehr nach den subjektiven
Anschauungen und Geschmacksrichtungen der jeweiligen Bearbeiter ausgeführt, so
daß viele Karten wohl die Bezeichnung „künstlerisch“, nicht aber das Prädikat
„wissenschaftlich“ verdienen.

2. **Wiechels Theorie der schrägen Beleuchtung.** Erst in neuerer Zeit,
nachdem sie schon länger angewendet war, hat H. Wiechel dieser Geländedarstellung eine mathematisch strenge Unterlage und in einer Zeichenschule
die Anweisung zu einer ihren Gesetzen entsprechenden praktischen Ausführung gegeben[1]. Wenn die notwendige geometrische Konsequenz
einer schiefen Beleuchtung rückhaltslos angenommen wird, daß nämlich
die Horizontalebenen nicht weiß, wie bei senkrechter Beleuchtung,
und wie bisher meist inkonsequent auch bei Anwendung der schiefen Beleuchtung geschehen, sondern schattiert erscheinen müssen, so läßt sich
unschwer die Helligkeit jeder Fläche, deren Neigung gegen den Horizont und
deren Orientierung gegen den einfallenden Lichtstrahl gegeben sind, berechnen.
Die Böschung der Fläche, d. h. ihr Winkel gegen die Horizontalebene sei φ; denselben Winkel bildet die auf der Fläche errichtete Normale mit der Lotlinie, der
Vertikalen. Der Winkel, den der auffallende Lichtstrahl mit der Normale
der Fläche bildet, werde, wie in der Optik gebräuchlich, mit e (Einfallswinkel) bezeichnet. Der Einfallswinkel gegen die Horizontalebene, d. h. der
Winkel zwischen der Vertikalen und dem Lichtstrahl sei — a. Denkt man
sich die 3 Richtungen der Vertikalen (V), der Flächennormale (N) und
des Lichtstrahls (L) durch den Mittelpunkt einer Kugel gelegt, deren Halbmesser — 1 ist, so schneiden sie die Kugeloberfläche in 3 Punkten V, N, L.
Verbindet man diese durch größte Kreisbogen der Kugel, so mißt der
Bogen VN den Winkel φ, VL den Winkel a und NL den Winkel e.
Der Winkel des sphärischen Dreiecks bei V ist derjenige, den die auf der
gegebenen Fläche senkrecht stehende Vertikalebene (d. h. die durch V und N
gelegte Ebene) mit derjenigen Vertikalebene bildet, in welcher der Lichtstrahl
auf die Horizontalebene fällt (d. h. mit der durch V und L gelegten Ebene).
Nennt man diesen Winkel δ, so gibt die bekannte Cosinusformel des
sphärischen Dreiecks:

$$\cos e = \cos a \cos \varphi + \sin a \sin \varphi \cos \delta. \tag{1}$$

Nimmt man an, daß das Licht unter 45° gegen die Horizontalebene
einfällt, so ist $a = 45°$, folglich:

$$\cos a = \sin a = \frac{1}{\sqrt{\tfrac{1}{2}}} = 0,707. \tag{2}$$

---

1) H. Wiechel, Theorie und Darstellung der Beleuchtung von nicht gesetzmäßig
gebildeten Flächen mit Rücksicht auf die Bergzeichnung. Mit 3 Tafeln. Im „Civilingenieur“ XXIV. Bd., 4. u. 5. Heft. 1878.

Kommt das Licht aus Nordwest, so ist der Stellungswinkel δ von N-W aus zu zählen, am besten rechts herum von 0° bis 360°. — Die Helligkeit H einer Fläche ist proportional dem Cosinus des Einfallswinkels und kann ihm gleich, $H = \cos e$, gesetzt werden. Sie ist am größten bei senkrechtem Einfall, also wenn $e = 0$; dann wird $\cos e = 1$; am kleinsten, nämlich $= 0$, wenn $e = 90^\circ$, also die Lichtstrahlen parallel der Fläche gehen. Sie bleibt aber auch $= 0$ für alle Flächen, die gar nicht mehr von den Lichtstrahlen getroffen werden, also im Schlagschatten liegen. Die Formel für die Helligkeit ist also:

$$H = 0,707 \, (\cos \varphi + \sin \varphi \cos \delta), \qquad (3)$$

ist also von der Böschung φ und der Orientierung der Fläche, d. h. dem Stellungswinkel δ abhängig.

Die untere Hälfte der am Schlusse des Buches beigegebenen Tafel bietet eine Schattenskala, aus welcher man für jede Böschung und jeden Stellungswinkel eines Flächenstückes den Schwärzegrad entnehmen kann. Eine solche Skala muß für jeden Kartenmaßstab und für jede Schichthöhe (Äquidistanz) eigens konstruiert werden. Die ausgezogenen Linien sind Isophoten, d. h. Linien gleicher Helligkeit, zu deren Konstruktion aus vorstehender Gleichung Wiechel ausführliche Anleitung gibt. Für den vorliegenden Fall ist eine Schichthöhe von 4 mm angenommen. Um die Skala zur Schattierung eines Flächenstückes einer Isohypsenkarte zu benutzen, bestimmt man erst mit dem Transporteur den Stellungswinkel der Gefällinie an der betreffenden Stelle, d. h. ihren Winkel mit der N-W-Richtung; dann nimmt man den kürzesten Abstand zweier Isohypsen daselbst in den Zirkel, setzt den einen Fuß in den Mittelpunkt der Figur ein und den anderen in diejenige Richtung, welche mit der N-W-Richtung den eben gemessenen Winkel bildet. Man kann zu diesem Zwecke erst ein Lineal vom Mittelpunkte nach dem betreffenden Teilpunkte der am Außenrand angebrachten Gradeinteilung anlegen. Die Schattentiefe an der äußeren Zirkelspitze ist die gesuchte. In der Figur sind 10 Helligkeitsabstufungen gemacht. Ganz schwarz ist nur der Raum gelassen, welcher gar keine Lichtstrahlen empfängt, wie z. B. die nach S-O gekehrten Flächen von mehr als 45° Böschung. Derselbe ist von der Isophote $H = 0$ umgrenzt und in der Figur ein kleiner Kreis. Die nächste Schattenstufe ist zwischen den Isophoten $H = 0$ und $H = 0,1$ enthalten, die nächste zwischen 0,1 und 0,2 usw. Die letzte Stufe zwischen 0,9 und 1 ist weiß gelassen. Die Helligkeit $H = 1$ hat nur ein einziger Punkt, der durch einen kleinen Ring bezeichnet ist. Er entspricht dem Falle, daß die Fläche nach N-W gekehrt ist und die Böschung von 45° hat. In denjenigen Teilen der Figur, wo größere Flächen in gleichem Ton erscheinen, sind noch Zwischenisophoten von 2 zu 2 Hunderteln eingeschaltet, also z. B. zwischen den Isophoten 0,6 und 0,7 noch diejenigen, wo $H = 0,62$, 0,64, 0,66, 0,68 ist. Zwischen 0,4 und 0,5 ist nur die Mittelisophote 0,45 eingesetzt. Außerdem ist die Linie für 0,707 ausgezogen, welche die Helligkeit der Horizontalebene angibt und bei der geometrischen Konstruktion des Kurvensystems eine wichtige Rolle spielt.

Die Figur gibt die Schattentiefe für alle Böschungen abwärts bis 5°;
der Radius des Begrenzungskreises ist gleich dem Isohypsenabstand bei
diesem letzteren Böschungswinkel. Will man bis zu geringeren Böschungen
gehen, so wird die Figur viel umfangreicher. Punktiert sind auch die Kreise
angegeben, die den Böschungen von 10° und 20° entsprechen. Wie schon
gesagt, setzt die Figur eine Schichthöhe von 4 mm voraus, was bei 1 : 2500
der Höhe von 10 m entspricht. Bei dieser Äquidistanz und dem Maßstabe
von 1 : 25000, wie sie bei den Meßtischblättern zugrunde gelegt werden,
würde die Schichthöhe nur 0,4 mm betragen, demgemäß die ganze Figur
auf ein Zehntel des Durchmessers zusammenschrumpfen und im Innern
nicht mehr hinlänglich deutlich sein. Man hilft sich deshalb zweckmäßig
dadurch, daß man den auf der 25000-teiligen Karte gemessenen Isohypsenabstand verzehnfacht in den Zirkel (Reduktionszirkel) nimmt und in der
hier beigegebenen Figur die Schattentiefe aufsucht. Es ist leicht einzu-
sehen, daß auf ähnliche Weise eine einmal entworfene Schattierungsskala
für mehrere Maßstäbe und Schichthöhen Verwendung finden kann. Die
Schattierung selbst kann natürlich ebensowohl durch Schraffen wie durch
Tuschabtönung erzielt werden.

Eine streng die eben angedeuteten Gesetze befolgende Ausführung ist, wie
Wiechel selbst zugibt, sehr umständlich und zeitraubend, denn die Ausführung
des Maßstabes allein ist schon eine besondere Arbeit, weil jeder Maßstab unmittelbar nur für eine bestimmte Schichthöhe verwendet werden kann; soll
ferner die Ausführung der Karte genau nach der Theorie erfolgen, so sind zunächst
die Isophoten einzuzeichnen, und angesichts dieser Umstände gibt Wiechel zu, daß
es nicht so sehr darauf ankommt, jeder Stelle des Geländes mathematisch genau
die ihr zukommende Helligkeit zu geben, als vielmehr es völlig hinreichend sei,
wenn der Charakter der Helligkeitsverteilung auf den einzelnen Formen richtig
wiedergegeben wird und außerdem die Gesamthaltung eine gleichmäßige, zusammen-
gestimmte ist.

Die von ihm begründete und entwickelte Theorie hat Wiechel in einigen seiner
Abhandlung beigegebenen Karten veranschaulicht; sie umfassen Ausschnitte aus der
Sektion Rochlitz der topogr. Spezialkarte des Königreichs Sachsen in 1 : 25000 und
reduziert auf 1 : 100000 und 1 : 200000. Nach seiner Theorie hat dann weiter
M. Kuhnert verschiedene Karten in den Maßstäben von 1 : 100000 und kleiner aus-
geführt. Wiechels Karten sowohl wie auch Kuhnerts sind durchweg in Tusch-
(Schummerungs-)Manier ausgeführt; in Schraffen ausgeführte Karten sind an-
scheinend noch nicht vorhanden.

Alle in schiefer Beleuchtung ausgeführten Karten, sowohl die in freierer Art,
wie die Schweizer und sonstigen vorher genannten, als auch die nach Wiechels
Theorie mehr oder weniger exakt ausgeführten, geben ein eindrucksvoll wirkendes,
plastisches Bild der Oberflächengestaltung, in dem besonders die Formen hervortreten, so daß man diese Darstellungsart als Formenplastik bezeichnen kann[1]).
Der Eindruck der Plastik ist es zweifellos, der dieser Darstellung weite Verbreitung
verschafft hat; trotzdem ist zu untersuchen, ob und in welchem Grade die schiefe
Beleuchtung Geländedarstellungen zu geben vermag, welche den wissenschaftlichen
Forderungen an eine solche entsprechen; ein Vergleich mit den Eigenschaften der

---

1) Penck, Neue Alpenkarten, Geogr. Ztschr. IX, 346 gebraucht für die Darstellung
in schräger Beleuchtung statt der Peuckerschen Bezeichnung „Böschungs- und Formenplastik" die Bezeichnung „Böschungs- und Relieftreue".

Darstellung in senkrechter Beleuchtung ist dabei ebenso unvermeidlich wie angebracht.

3. Eigenschaften der schiefen Beleuchtung. 1. Die Grundlage für die Geländedarstellung in schiefer Beleuchtung bildet wie bei der in senkrechter die Isohypsenkarte, aus der die Werte der Böschungen entnommen werden. Die Gleichung der Helligkeit (3) zeigt aber, daß für gleiche Böschungen (φ) die Helligkeit nicht konstant auf der Karte ist, sondern von dem Stellungswinkel δ abhängt. Es ist daher möglich und notwendig, daß Flächen gleicher Böschung (konstantes φ), aber verschiedener Orientierung (δ) verschieden hell bzw. dunkel dargestellt werden, wie andererseits es unvermeidlich ist, daß Flächen verschiedener Böschung infolge ihrer Orientierung die gleiche Helligkeit erhalten. Auf einer in Schraffen ausgeführten Karte schräger Beleuchtung werden die Schraffen zwar auch die Richtung des stärksten Falles anzeigen, aber sie werden nicht mehr unmittelbar den Grad der Böschung angeben, sie stehen also nicht mehr in der streng geometrischen Beziehung zu den Isohypsen wie bei senkrechter Beleuchtung, wo sie als Projektion der Gefällinie dem Verhältnis des Gefälles entsprechend stärker oder feiner ausgezogen werden. Während also die senkrechte Beleuchtung überall auf der Karte für dieselben Böschungen die gleiche Helligkeits- bzw. Schattenstufen gibt und damit ein objektiv richtiges Bild der Neigungsverhältnisse liefert, gibt die schräge Beleuchtung gleichen Böschungen ungleiche Schattenstufen, aber auch ungleichen Böschungen gleiche Schattenstufen, liefert demnach keine objektiv richtige Abbildung der Neigungsverhältnisse. Der Stellungswinkel δ ist eben wichtiger als der Neigungswinkel φ.[1])

2. Diese nichtobjektive ungleiche Darstellung gleicher Böschungen und gleiche Darstellung ungleicher Böschungen tritt besonders in den Fällen hervor, in denen der Stellungswinkel δ das Minimum oder Maximum erreicht. Der Maximalfall ist gegeben, wenn die Gelände-(Erhebungs)-Flächen normal zur Lichtrichtung stehen, im Falle einer Annahme der Beleuchtung von NW her also von SW nach NO verlaufen (erzgebirgische Richtung in Deutschland). In diesem Falle werden alle nach NW gekehrten Gehängeflächen am stärksten, alle nach SO gekehrten am schwächsten beleuchtet; jene erscheinen also außergewöhnlich hell, diese ebenso dunkel, auch wenn sie beide durchschnittlich gleiche Neigungswinkel besitzen. Der Minimalfall ist gegeben, wenn Erhebungen in der Lichtrichtung verlaufen, bei NW-Beleuchtung also von NW nach SO streichen (sudetische Richtung in Deutschland). In diesem Falle erhalten die Gehängeflächen gleiche Beleuchtung — gleiche Böschungen vorausgesetzt — und müssen demnach auch in der Karte die gleiche Helligkeits- bzw. Schattenstufe erhalten. Tritt nun der durchaus mögliche Fall ein — die Alpen, insbesondere die Schweizer Alpen, liefern solche Fälle — daß in einem Gebiete sowohl Erhebungen in zur Lichtrichtung normaler Stellung, als auch solche in zur Lichtrichtung gleicher (paralleler) Stellung mit wesentlich gleichen Böschungen vorhanden sind, so muß bei mathematisch strenger Ausführung der Beleuchtung bzw. Beschattung die Karte von gleichen Oberflächen-

---

[1]) Eine Konsequenz der Theorie Wiechels ist die, daß Ebenen (φ = 0°) nicht weiß, sondern schattiert erscheinen; bei einer Ausführung in Schraffen werden diese in diesem Falle aber nicht die Richtung des stärksten Falles bezeichnen, weil dieser bei φ = 0° nicht vorhanden ist.

formen höchst ungleiche Abbilder liefern; bei den Erhebungen in normaler Richtung erscheinen die dem Lichte zugewendeten Gehänge außergewöhnlich hell, die abgewendeten tief dunkel, bei den in der Lichtrichtung stehenden Erhebungen erscheinen beide Gehänge zwar gleichmäßig, aber weder ganz hell noch tief dunkel, sondern in dem mittleren Schattentone, und während die Erhebungen in normaler Richtung infolge der Gegensätze von Licht und Schatten zwar plastisch wirkend, aber nicht objektiv richtig hervortreten, geht den in der Lichtrichtung liegenden Erhebungen jede plastische Wirkung ab, wogegen sie für sich genommen objektiv richtig dargestellt sind, weil ihre beiderseits gleichen Böschungen auch gleichmäßig beleuchtet sind. Die schräge Beleuchtung ergibt je nach dem Stellungswinkel objektiv unrichtige und richtige Abbilder gleicher Urbilder: je größer ihre plastische Wirkung ist, desto unrichtiger ist meist die Darstellung, je richtiger letztere ist, desto geringer meist die plastische Anschaulichkeit und Wirkung: wogegen die senkrechte Beleuchtung stets objektiv richtige Abbildungen liefert, wenn auch die plastische Anschaulichkeit in bestimmten Fällen gering ist.[1])

3. Dieser Mangel an Objektivität in der Darstellung tritt ganz augenfällig zutage, wenn man die Lichtrichtung wechselt. Die bisher übliche Richtung von NW ist, man mag sie begründen und erklären wie man will, im Gegensatze zu der senkrechten, die — das Prinzip angenommen[2]) — unveränderlich ist und außerdem in wohl begründeter mathematischer (geometrischer) Beziehung zu den horizontalen Schnittflächen der Isohypsen steht, wie schon bemerkt, durchaus willkürlich, und Willkür ist bei einer Wissenschaft, zumal bei einer auf durchaus mathematischer Grundlage fußenden, wie es die Kartographie ist, ausgeschlossen. Mit gleichem Rechte, wie bisher die NW-Richtung gewählt ist, kann jede andere beliebige Himmelsrichtung als Lichtrichtung gewählt werden, wie auch der bisher übliche Elevationswinkel von 45° durch beliebig andere ersetzt werden kann. Das Aufgeben der senkrechten Beleuchtung führt die Willkür in die Geländedarstellung ein, während auf allen anderen Teilgebieten der Kartographie diese ausgeschlossen ist.

Daß eine Änderung der Lichtrichtung ein anderes Bild der Oberflächengestaltung ergeben muß, lehrt schon die rein theoretische Überlegung, gestützt auf einen Vergleich zwischen Karten desselben Gebietes in schiefer und senkrechter Beleuchtung, ist aber auch durch konkrete Abbildungen anschaulich nachgewiesen worden in den photographischen Aufnahmen, die General v. Steeb an einem Relief des Hochschober in den drei Lichtrichtungen NO, NW und SW ausgeführt, reproduziert und in Verbindung mit dem entsprechenden Ausschnitte der österr. Spezialkarte (senkrechte Beleuchtung) veröffentlicht hat.[3]) Ein Vergleich dieser Bilder zeigt, daß die schräge Beleuchtung durchaus einseitige, nichtobjektive Abbilder der Oberflächenformen liefert. Ebenso hat v. Steeb durch Nebeneinanderstellung von entsprechenden Ausschnitten der Dufourkarte und des Siegfriedatlas nachgewiesen, daß die freiere Anwendung des schrägen Lichteinfalls bei der Dufourkarte es nicht ermöglicht, aus ihr richtige Profile zu konstruieren, d. h. daß ihre Schattierung nicht den wahren Böschungsverhältnissen entspricht. Einen weiteren Beweis für die einseitige, objektiv nicht richtige Darstellung in schräger Beleuchtung liefern auch die von M. Kuhnert nach Wiechels Theorie strenger aus-

---

1) s. S. 56.

2) Wie S. 52 u. 54 Anm. angedeutet, kann von der Beleuchtung überhaupt abgesehen und die Schraffenskala und die aus ihr sich ergebende Schattenabstufung ausschließlich auf geometrischer Grundlage aufgebaut werden, wodurch das Verhältnis der Schraffe zur Isohypse nur noch klarer zutage tritt: „je kleiner der Horizontalabstand der Isohypsen auf der Karte, desto stärker die Schraffe".

3) Mitt. des k. k. milit.-geogr. Institutes. XVI. Bd. Wien 1897.

geführten Karten kleineren Maßstabes, so z. B. die Schulhandkarte von Süddeutschland in 1 : 1 500 000, auf der z. B. der Ostabfall des Wasgenwaldes und der Haardt viel schärfer hervortreten, als der gleichartige Westabfall des Schwarz- und Odenwaldes zur rheinischen Tiefebene; die in der Lichtrichtung liegenden Gebirge, wie Thüringer- und Frankenwald und der erheblich höhere Böhmer Wald treten viel weniger hervor als der niedrigere, aber zur Lichtrichtung fast normal liegende Taunus mit seinem SO-Abfall, wogegen der markante NW-Abfall des schwäbischen Jura, normal zur Lichtrichtung und voll im Lichte liegend, daher weiß angelegt, fast gar nicht wahrnehmbar ist.[1])

4. Wiewohl die schiefe Beleuchtung allgemein plastischer wirkende Geländebilder liefert, als die senkrechte, vermag sie ebensowenig wie diese allein die Höhenunterschiede im Bereiche der ganzen Karte zu veranschaulichen; sie gestattet wie diese nur, unmittelbar nebeneinander liegende Teile der Oberfläche als höher oder tiefer liegend zu erkennen; weil sie aber auch die Böschungsverhältnisse nicht objektiv richtig wiedergibt, sind bei ihrer Anwendung Isohypsen noch viel unentbehrlicher als bei senkrechter Beleuchtung.

5. Die topographische und geographische Karte ist, wie die bisher verfolgte Entwicklung zeigt, nicht eine Abbildung der Erde in künstlerischem Sinne, sondern, worauf ihre Grundlage, die Projektion und der in dieser ausgeführte Grundriß oder die Situationszeichnung, ausdrücklich hinweisen, eine geometrische Abbildung, deren Charakter in keinem Einzelteile verwischt werden darf. Wie später in der „Kartometrie" gezeigt werden wird, soll jede Karte innerhalb der durch ihren Maßstab gezogenen Grenzen neben manchen anderen Aufgaben auch die erfüllen, aus ihr in Maß und Zahl ausdrückbare Tatsachen zu entnehmen, sei es, daß diese durch ein Meßverfahren, sei es, daß sie durch ein Schätzungsverfahren (nach Augenmaß) ermittelt werden. Die Karte wird deshalb nicht bloß wie andere Abbildungen betrachtet, sondern, wie der landläufige Ausdruck ganz richtig sagt, gelesen, was sich nicht nur auf die Schrift, sondern ebenso auf den gesamten übrigen Inhalt bezieht. Wird es als selbstverständlich betrachtet, daß der Grundriß (Situation) so dargestellt wird, wie er ist, d. h. grundrißtreu, und nicht so, wie wir ihn in beschränktem Umfange des jeweiligen Horizontes übersehen können (perspektivisch), so ergibt sich als Folgerung, daß das Gelände gleichfalls so dargestellt wird, wie es wirklich ist, d. h. zunächst auch grundrißtreu durch Isohypsen; wie der Grundriß zustande kommt dadurch, daß man sich seine sämtlichen Punkte orthogonal auf die Kartenebene projiziert denkt, so müssen auch folgerichtig der Abstand jedes Punktes von der Nullfläche bzw. die aus den verschiedenen Abständen sich ergebenden Neigungen in gleicher Weise, orthogonal, zur Anschauung gebracht werden, d. h. nach dem Gesetze der senkrechten Beleuchtung (bzw. der geometrischen Projektion der Gefällslinien auf die Kartenebene) die Schattentiefe erhalten.[2])

---

1) Die Karten Kuhnerts sind fast durchweg im Verlage von A. Müller-Fröbelhaus-Dresden erschienen.

2) Daraus ergibt sich auch, daß es völlig zwecklos ist, zur Begründung einer

Da Karten, die der wissenschaftlichen Forderung, auch zu Messungsarbeiten zu dienen, genügen sollen, in erster Linie gelesen werden, müssen sie auch in erster Linie objektiv richtig und eindeutig sein; ein gefälliges Äußere und eine plastische, an das Körperliche der Oberflächenformen erinnernde Darstellungsart, wie sie durch die schiefe Beleuchtung zweifellos in höherem Maße als durch die senkrechte erreicht werden kann, ist für diese Karten zwar keineswegs zu unterschätzen, aber doch in Rücksicht auf die Hauptaufgabe eine Frage zweiten Ranges, und dies um so mehr, als die durch die schiefe Beleuchtung erzielte plastische Wirkung stets erst in einer gewissen Entfernung vom Auge zur Geltung kommt, in der von einem wirklichen Lesen, Schätzen und Vergleichen nicht mehr die Rede sein kann.

Es ergibt sich daraus, daß die schiefe Beleuchtung allenfalls eine aus dem Zwecke heraus als berechtigt zu erklärende Anwendung finden kann bei Karten, die bestimmt sind, auch aus weiterer Entfernung betrachtet zu werden, also bei Schulwandkarten, und ferner bei Karten, deren Bestimmung ebenso wie die Wandkarten es ausschließen, daß sie exakten Messungen dienen sollen, d. h. bei Schulkarten (Atlanten), schon weil zwischen Wand- und Handkarte aus methodischen Gründen Übereinstimmung herrschen soll.[1]

4. Pauliny's schiefe Beleuchtung der Isohypsen. Auf dem Prinzipe der schiefen Beleuchtung fußt der Versuch Pauliny's, die Isohypsenkarte unmittelbar, ohne Schraffen oder Schummerung, zu plastischer Darstellung des Geländes auszugestalten. In seiner Karte „Schneeberg, Raxalpe, Semering" in 1:37500 ist dieser Versuch praktisch ausgeführt.[2] Bei Annahme des Lichteinfalles von W erscheinen hier nicht die Neigungsflächen, sondern die Isohypsen je nach dem Stellungswinkel mehr oder weniger beleuchtet, und dieser Lichtwechsel wird an den Isohypsen dadurch sinnfällig gemacht, daß sie bei vollster Beleuchtung weiß, im tiefsten Schatten braun erscheinen, während die Zwischenstufen je nach dem Stellungswinkel gerissen weiß oder gerissen braun erscheinen. Die Anlage der Isohypsen in Weiß erfordert statt des sonst üblichen weißen Papiers ein farbiges, und so ist diese Karte auf grauem gedruckt. Den erhofften plastischen Eindruck hat die Karte augenscheinlich nicht erreicht; die gegen alle bisher üblichen Darstellungsmethoden stark abweichende Art erfordert auch mehr

---

plastischen Anschaulichkeit irgendeinen Stand-(Aug-)Punkt anzunehmen, wie etwa vom Luftballon oder von noch größeren Entfernungen aus. — „Einem Natureindruck entspricht die Karte mit zenitaler Beleuchtung ebensowenig, wie jene mit schiefer Beleuchtung" (Steeb in Mitt. des mil.-geogr. Inst. XVI S. 56) — und soll und braucht sie als geometrisches Abbild auch nicht entsprechen."

1) Damit soll aber der Anwendung der schiefen Beleuchtung für diese Kartengattungen keineswegs unbedingt das Wort geredet werden; denn dem methodischen Gesichtspunkte steht hier der pädagogische entgegen, daß die einseitige, nicht objektive Darstellung bei den noch nicht urteilsfähigen Schülern, die das Kartenlesen erst lernen sollen, von vornherein von gewissen Oberflächengebieten, wie den Alpen, dem Erzgebirge usw. unrichtige, den wirklichen Verhältnissen nicht gerecht werdende Vorstellungen erzeugt, die später schwer zu berichtigen sind und geeignet sind, Zweifel an der Zuverlässigkeit kartographischer Darstellung zu erwecken. Der Gebrauch der Karte wird stets ein gewisses Abstraktionsvermögen erfordern, dessen Ausbildung durch objektiv richtige Abbildungen gefördert werden sollte und nur durch solche gefördert werden kann.

2) Wien und Leipzig, Braumüller, o. J. 4- und 8-farbige Ausgabe.

als sonst nötige Aufmerksamkeit, um die Isohypsen und die daraus sich ergebende Oberflächenform richtig zu deuten. Eine weitere Anwendung oder gar Ausgestaltung scheint Paulinys Manier bis jetzt noch nicht gefunden zu haben.

Viertes Kapitel.

Darstellung der Höhenverhältnisse durch Farben (Farbenplastik).

1. Ausführung der Isohypsenkarte in einer oder mehreren Farben.
Die Geländedarstellung durch Isohypsen allein, sowie in Verbindung mit Schraffen oder Schummerung in senkrechter oder schiefer Beleuchtung ergibt, wie nachgewiesen, noch keine klare Übersicht und Anschaulichkeit der Höhenverhältnisse. Soll auch die dritte Dimension auf der zweidimensionalen Kartenebene ihrer Ausdehnung entsprechend veranschaulicht werden, so stehen nunmehr nur die Farben dem Kartographen zur Verfügung.

Offenbar wird mit der Einführung von Farben der streng geometrische Boden, auf dem sich bisher — von der schiefen Beleuchtung abgesehen — der Aufbau der Karte vollzog, verlassen und eine zweite Wissenschaft, die Optik herangezogen, was aber in dem Bestreben, der dritten Dimension eine möglichst gleiche Stellung auf der Karte zu sichern, wie sie die beiden andern von jeher besessen haben, gerechtfertigt ist. Es wird sich also bei der Anwendung von Farben darum handeln, die Willkür auszuschalten und nach Gesetzen für die Verwendung zu suchen.

Die einfachste Verwertung der Farben besteht darin, auf einer Isohypsenkarte die von den Isohypsen begrenzten Höhenstufen in verschiedenen Farben oder Farbentönen einer Farbe anzulegen. Eine derart ausgeführte Karte gewährt immerhin die Möglichkeit, die Höhenverhältnisse mit einem Blicke zu überschauen und Höhenunterschiede innerhalb der Stufengrenzen zu unterscheiden. Aber dies Verfahren ist noch etwas primitiv und willkürlich, wenn die Farben ohne leitende Gesichtspunkte gewählt werden. Immerhin zeigt eine solche Karte bereits, daß durch die Farben die bisher einförmig erscheinende Kartenfläche in gewissem Sinne zerstört und in Teilflächen zerlegt wird, die, wie dem Betrachter bekannt, verschiedenen Horizonten angehören. Diese Wirkung führt zu dem Gedanken, durch eine systematische Anordnung der Farben oder Farbentöne die verschiedenen Horizonte übereinander, ihren Abständen entsprechend, emporzuheben.

Handelt es sich nur um einige Höhenstufen, so genügt bereits eine einzige Farbe zur Unterscheidung, indem jede Stufe durch einen Farbenton von den anderen unterschieden wird. In der Farbe wird eine von helleren zu dunkleren Tönen fortschreitende Reihe von Tönen gebildet und jeder Höhenstufe ein Ton dieser Reihe zugewiesen.

Äußerlich hat eine derart ausgeführte Karte Ähnlichkeit mit einer, auf der das Gelände in Schummerung mit schiefer oder senkrechter Beleuchtung ausgeführt ist, der innere Unterschied liegt darin, daß auf dieser letzteren die Schattentöne die Böschungsgrade, auf ersterer dagegen die Höhenlage veranschaulichen: bei

schattenplastischer Darstellung ändert sich die Schattentiefe innerhalb zweier Isohypsen mit dem Böschungswinkel, bei höhenplastischer ist der Farbenton innerhalb
zweier Isohypsen konstant.

2. Die Farbenfolge v. Hauslab's. Sowohl bei Anwendung nur einer
Farbe in Tonabstufungen, wobei meist Grau oder Braun gewählt wird, als
auch bei Verwendung mehrerer Farben in verschiedener Abstufung entsteht
die Frage, in welchem Sinne oder welcher Richtung die Farbentöne die Höhenstufen veranschaulichen sollen. Es haben sich bei Beantwortung dieser Frage
alsbald zwei Richtungen gebildet, deren eine sie dahin beantwortet: „je höher,
desto dunkler". Der Hauptvertreter dieser Richtung ist der österreichische
Feldzeugmeister v. Hauslab (1798—1883), und neben ihm der österreichische Kartograph Anton Steinhauser (1802—1890). Die v. Hauslab'sche Farbenfolge ist: Weiß, Gelb (Orange), Rot, Grün, Blaugrün, Rot-
braun oder Violett mit Zwischenstufen, die den Übergang von einer Farbe
zur anderen vermitteln. Dem v. Hauslab'schen Prinzipe steht das andere
gegenüber, das sich in die Worte fassen läßt: „je tiefer, desto dunkler"
oder „je höher, desto heller". Am geschmackvollsten ist dies Prinzip wohl
in den Karten von Leuzinger ausgeführt, die mit einem sehr durch-
sichtigen grüngrauen Tiefenton beginnen und durch grünlichbräunliche und
gelbliche Töne bis zum Weiß emporsteigen. Neben diesen beiden Farbenfolgen steht als dritte diejenige, welche beide vereinigt; so ist z. B. die
hypsometrische Übersichtskarte der Zentralkarpathen des militär-geographischen Instituts in Wien in den tieferen Regionen nach dem Hauslab-
schen, in den höheren nach dem anderen Prinzipe ausgeführt.

3. Sydows Regionalfarben. Neben dem Prinzipe, die Höhenstufen
durch Farben und Farbentöne voneinander zu scheiden und zu veranschaulichen, steht noch ein zweites, von E. v. Sydow begründetes, das als das
der Regionalfarben bezeichnet wird. Das Ziel ist hier, die wichtigsten
Oberflächenbildungen — Tiefland, Hochflächen und Gebirge — voneinander
zu unterscheiden, und dementsprechend enthält die Sydowsche Farbenfolge
im wesentlichen nur 3 Farben mit wenigen Unterstufen: Grün für das
Tiefland, Weiß für die Hochflächen, Braun für höhere Regionen.

Wenn auch das Sydowsche Prinzip einige Anklänge an das der eigentlichen
Höhenschichtenkarten zeigt, indem es auch die Farben und ihre Unterstufen an
bestimmte Höhenstufen bindet, so unterscheidet es sich doch von jenem darin,
daß sein Hauptzweck der ist, als ausgleichendes Mittel zur Herstellung eines
ruhigen Terrainbildes zu dienen[1]); darum hält es sich auch nicht streng, sondern
nur annähernd an die Isohypsen, und wird ausschließlich nur auf Karten verwandt,
auf denen das Gelände entweder in Schraffen oder in Schummerung bereits vorhanden ist, während die Darstellung der Höhen in einer bestimmten Folge von
Farben oder Farbentönen bisher in der Regel auf der einfachen Isohypsenkarte
ohne schraffiertes oder geschummertes Terrain verwendet wird. — Die Regional-
farbenmanier findet ausschließlich Anwendung für Schulatlanten und Schulwandkarten.

4. Die schweizerischen Farbenkarten. Nicht ganz unerwähnt dürfen die
Versuche schweizerischer Kartographen bleiben, welche unter Benutzung der Iso-

---

1) Wagner, Lehrb. d. Geogr. I, S. 228.

hypsenkarte des Siegfriedatlas und unter Verwendung der schrägen Beleuchtung gleichzeitig grünliche, gelbliche, rötliche, auch bläuliche Farbentöne — Naturfarben — benutzt haben, um dem Kartenbilde einen Anklang an das landschaftliche Bild der dargestellten Gegend zu verleihen. Als die farbenreichste Karte dieser schweizerischen Reliefmanier kann das Blatt Zermatt-Evolena-Monte Rosa gelten, bearbeitet von Kümmerly-Bern 1892, zu dessen Druck 14 Farbenplatten erforderlich waren. Es hat sich aber herausgestellt, daß mit einer derartigen, mehr malerisch-künstlerisch gehaltenen Ausgestaltung der Geländezeichnung, die an eine Karte zu stellenden Anforderungen keineswegs erfüllt werden, und man kann den in diesen Karten angedeuteten Weg, weil ergebnislos, als aufgegeben betrachten. Das zeigt die gleichfalls von Kümmerly bearbeitete Wandkarte der Schweiz in 1:200000, von der auch eine Handausgabe in 1:600000 veranstaltet ist, die in der Farbenausführung der Wandkarte freilich nicht völlig gleichkommt. Sie zeigt in frei angewandter schiefer Beleuchtung geschummertes Terrain, unterstützt durch Farbentöne, die mit mattgrünen Stufen beginnen und für höhere Stufen in Gelbbraun übergehen. Die beleuchteten Gehänge sind rötlich gehalten, die unbeleuchteten violett und grünlich. Schneefelder und Gletscher erscheinen weiß, im Schatten leicht violett angehaucht.

5. Friedrichs farbige Schraffen. Zu den neuesten Versuchen, die Farben der Darstellung der dritten Dimension dienstbar zu machen, gehört der von E. Friedrich, der das in Schraffen ausgeführte Terrain dadurch in seiner Höhenstufe kenntlich machen will, daß die Schraffen in der **Farbe der Höhenschicht** ausgeführt werden, der sie angehören.[1]) Eine nach dieser Methode ausgeführte Karte des Rigi in 1:25000 gibt eine Probe, an der vor allem auffällt, was Friedrich in seiner Abhandlung hervorhebt, daß alle **horizontalen Flächen**, somit Kämme, Talsohlen, Plateaus **weiß** bleiben; das entspricht zwar dem Gesetz der Lehmann'schen Beleuchtung (Böschungsplastik), von dem er ausgeht, bedingt aber hier insofern eine wesentlich fühlbare Lücke, als eben über die Höhenlage horizontaler Flächen infolgedessen die Karte keine direkte Auskunft gibt, was doch gerade ihre Hauptaufgabe sein soll.

Dagegen ist mit der Methode der farbigen Höhenschraffen im Prinzipe die Aufgabe gelöst, Terrain in Schraffen und farbige Höhenschichten zu **verbinden**, welche Aufgabe, bei gesonderter Darstellung beider Faktoren und späterer mechanischer Vereinigung meist die Wirkung hat, daß die Farben der Höhenstufen die Terrainzeichnung zurückdrängen und in ihrer Wirkung beeinträchtigen. Die kleine Probekarte, die bisher vorliegt, kann als erster Versuch noch nicht ein abschließendes Urteil ermöglichen, und es ist nicht ausgeschlossen, daß diese Methode befriedigende Ergebnisse liefert, wenn die Schwierigkeiten, die vornehmlich auf technischem Gebiete liegen dürften, überwunden werden.

6. Peuckers Farbenplastik. Das Hauslab'sche Prinzip: „je höher, desto dunkler" findet auch gegenwärtig noch immer Anwendung und vermag in guter Ausführung und Abtönung der Farbenstufen auch bei passendem Augabstand eine plastische Wirkung zu erzeugen, wie die zurzeit erscheinende Karte „Neue Übersichtskarte von Europa 1:750000 (Projektion

---

1) Friedrich, Karte des Rigi. Ein Beitrag zur Terraindarstellung. Globus LXXXII, Nr. 7, 1902, S. 109; vgl. dazu auch verwandte Gedanken in P. Kahle, Die Aufzeichnung des Geländes beim Krokieren. Berlin 1896.

nach Albers)" des militär-geographischen Instituts in Wien zeigt, welche neben einer Ausgabe in geschummertem Terrain auch eine in reinen Höhenschichten mit Farbenstufen erhalten hat.

Höhen bis 150 m sind weiß gehalten, Talsohlen und Talebenen sind mit Grenze von 150 m in zwei grünen Tönen angelegt, davon abgesehen sind alle anderen Höhenstufen in gelbbrauner, von helleren zu dunkleren Tönen fortschreitender Farbe gehalten, welche die Erhebungen sinnfällig heraustreten läßt.

Dieses Hauslab'sche Prinzip unter Anwendung verschiedener Farben und gleichzeitiger Verwertung der Luftperspektive hat Karl Peucker zum Ausgangspunkte einer neuen Theorie der Farbenplastik genommen. die er einerseits in bewußten Gegensatz zur Schattenplastik stellen will, indem er für die Böschungen die Schatten, für die Höhen die Farben als Darstellungsmittel benutzen will („den Höhen die Farben, den Formen die Schatten"), die er andrerseits aber mit dieser vereinigen will, um so eine die Formen der Oberfläche durch optische Mittel verkörpernde Darstellung zu erreichen und durch Schaffung der Bildtiefe der Karte neben der Flächentreue auch die Eigenschaft der Raumtreue zu verleihen.[1])

Durch eine systematische Verwendung der Farben und ›Farbentöne soll die Bildebene der Isohypsenkarte, in der durch die Isohypsen das Gelände verebnet worden ist, optisch in eine Stufenfolge von Ebenen mit wachsender Bildtiefe aufgelöst und die Koordinaten der Höhe oder der dritten Dimension optisch dargestellt, gewissermaßen aufgerichtet werden.

Bei der Verwirklichung dieser Theorie der kartographischen Plastik knüpft Peucker an die natürliche Farbenfolge an, die in dem Sonnenspektrum gegeben ist und uns am natürlichsten in den Farben des Regenbogens entgegentritt: Rot-Orange-Gelb-Grün-Blau-Indigo-Violett.

Er stützt seine Theorie auf die Eigenschaft der Farben, den Eindruck der Fläche zu zerstören, oder auf die der vorspringenden und zurücktretenden Farben. Nach optischen Untersuchungen erweckt die rote Farbe die Empfindung. als läge sie dem Auge näher — sie springt hervor — und die violette die, als läge sie ihm ferner — sie tritt zurück — und die zwischen diesen Eudfarben liegenden Farben bilden die Übergangsstufen. Da nun auf der Karte für deren Leser die Erhebungen näher liegen sollen, als die Senken, so müssen jene eine rote Farbe erhalten und die niedriger liegenden Stufen der Farbenfolge entsprechend die dem Rot folgenden Farben, die mit Blau, der für die Meeresflächen gegebenen natürlichen Farbe abschließen, so daß Indigo und Violett ausfallen. Um den plastischen Eindruck, oder das Hervortreten und Zurückspringen der farbigen Höhenstufen noch zu erhöhen, kommt Peucker auf Grund seiner Untersuchungen ferner dazu, die Farben vom Rot abwärts stufenweise matter und stumpfer zu

---

1) Karl Peucker, Schattenplastik und Farbenplastik, Wien 1898. — Ferner: Studien an Pennesis Atlante scolastico, S.-A. aus Mitt. d. k. k. geogr. Ges., Wien 1899 bis 1900. — Zur kartogr. Darstellung der dritten Dimension, S.-A. der Geogr. Ztschr.. Leipzig 1901. — Drei Thesen zum Ausbau der theoret. Kartographie, S.-A. der Geogr. Ztschr., Leipzig 1902. — Neue Beiträge zur Systematik der Geotechnologie. Wien. g. Ges. 1904.

machen, zu brechen, also nicht reine Farbentöne zu gebrauchen, wobei er gleichzeitig darauf hinweist, daß auch die Naturfarben des Geländes nicht rein, sondern gebrochen sind. Um den Anschluß an die natürlichen Verhältnisse noch zu erhöhen, werden dann noch die Erscheinungen der Luftperspektive zu verwerten gesucht.

Das Wesen der Luftperspektive besteht darin, daß die zwischen Auge und Objekt lagernde Luft entfernte Flächen, die beleuchtet sind, weniger hell, als der Beleuchtung entspricht, und dagegen entfernte Flächen, die im Schatten liegen, weniger dunkel, als der Schattenlage entspricht, erscheinen läßt. Weiterhin ist bekannt, daß an sich dunkle Farben durch das trübende Medium der Luft einen bläulichen Schimmer erhalten, und an sich helle Farben werden dadurch verdunkelt, also gebrochen. Da auf der Karte die Erhebungen als die dem Auge näher liegenden, die Senken als die ihm ferner liegenden Flächen anzusehen sind, so folgt daraus, daß für die höheren Stufen zunächst, wie schon erwähnt, die vorspringenden Farben, und ferner, daß diese in reineren, helleren Tönen anzuwenden sind, während für die tiefer liegenden, entfernteren Stufen die zurücktretenden Farben in gebrochenen Tönen zu verwenden sind.

Die sich an das Spektrum anlehnende Farbenfolge, die nach Bedürfnis, d. h. nach dem Maßstab der Karte und der daraus sich ergebenden Zahl der Höhenstufen durch Zerlegung der Hauptfarben in Farbenstufen erweitert und auch verengert werden kann, soll sowohl für topographische als auch geographische Karten, aber auch für reine Isohypsenkarten und auch für solche mit Terrain in Schraffen und in Schummerung geeignet sein.

Als ein Versuch, die hier kurz angedeutete Theorie praktisch anzuwenden, ist der von Peucker redigierte Atlas für Handelsschulen[1]) anzusehen, in dem die großstufig angelegten Höhenschichten mit Unterlage eines geschummerten Terrains in den Farben (von unten nach oben) Blaugrün, Grün, Gelb und hellem und dunklem Orange gehalten sind. Auch die neunte Ausgabe des Sohr-Berghaus Handatlas hat Peuckers Farbenfolge für die Höhendarstellung auf den Übersichtskarten der Erdteile und Länder, und zwar mit der Unterlage des Terrains in Schraffen gewählt, während die Versuche mit dieser Farbenfolge ohne Terrainunterlage auf der reinen Isohypsenkarte, die auch für einige Karten des Atlas angewendet werden soll, noch nicht abgeschlossen sind.

Die eben erwähnten Karten haben die von Peucker in der Theorie behauptete optische Verkörperung der dritten Dimension bis jetzt keinesfalls in dem Maße nachgewiesen, daß man von einer wirklichen Farbenplastik, die alle bisher angewendeten anderen Darstellungsarten übertrifft, mit Fug und Recht sprechen kann; ob sie den von ihm ihr beigelegten Eigenschaften völlig, oder nur zum Teil entsprechen wird, wird sich erst an weiteren Versuchen erweisen; eine nicht unbedeutende Schwierigkeit liegt jedenfalls in der Aufgabe, schraffiertes oder geschummertes Terrain mit den Farben derart zu vereinigen, daß sie sich gegenseitig nicht beeinträchtigen.[2]) Den einen, nicht zu unterschätzenden Vorteil besitzt diese Theorie schon jetzt, daß, wenn man die Höhenstufen nicht in den Tönen einer einzigen Farbe darstellen will, in Peuckers natürlicher Farbenskala, wie man sie wohl nennen darf, eine systematisch festgelegte Farbenfolge gegeben ist, die geeignet ist, System in die Anwendung von Farben zu bringen und

---

1) Wien, Artaria.

2) Die Lösung der Aufgabe ist übrigens mehr die Aufgabe des Farbendruckes, als die der Farbenanwendung mittels des Pinsels, vgl. den folgenden Anhang.

subjektive Geschmacksrichtungen, d. h. die Willkür auszuschalten, denn es läßt
sich nicht verkennen, daß in ihr ausgeführte Karten gefällige Abbildungen liefern,
die auch die wertvolle Eigenschaft besitzen, überall auf den farbigen Flächen leicht
lesbar zu sein, was bei Anwendung mancher anderen Farbenfolgen keinesfalls
stets zutrifft.

Fünftes Kapitel.

Geländedarstellung auf geographischen Karten.

Die bisher besprochenen Darstellungsarten, ausgenommen die mittels
Farben, sind zunächst in Rücksicht auf ihre Anwendung auf topographi-
schen Karten behandelt worden. Da diese das Quellenmaterial für geographische Karten sind, muß der Kartograph ihr Prinzip und ihre
Eigenschaften, ihre Vorzüge und Nachteile kennen und beurteilen
können. Wenn auch die Darstellung mittels Isohypsen, Schraffen oder
Schummerung in senkrechter oder schräger Beleuchtung ebenso auf geographischen Karten als Mittel zur Abbildung der Geländegestaltung zur
Anwendung kommt, so ist doch einleuchtend, daß auf geographischen
Karten die durch die erheblich kleineren Maßstäbe ebenso erheblich reduzierte lineare und areale Kartenfläche gewisse Modifikationen sowohl in
der Anwendung als auch in der Bedeutung dieser Darstellungsmittel
bedingt.

Bei einer Darstellung durch Isohypsen, die übrigens in gewissem
Sinne auch bei allen anderen Darstellungsarten die Grundlage bildet, ergibt sich zunächst die Notwendigkeit, je nach dem Maßstabe den Vertikalabstand zu vergrößern, der unter Umständen 1000 und noch mehr Meter
betragen kann. Dazu tritt die erforderliche Generalisierung in ihrem
Linienverlaufe, und diese beiden Umstände führen bei kleineren Maßstäben
schließlich dahin, daß diesen Linien mehr und mehr die Naturtreue ab-
handen kommt und sie mehr als Signaturen aufgefaßt werden müssen.
Es ergibt sich hieraus weiter, daß sie nicht mehr die Formen des Geländes
zur Anschauung zu bringen vermögen und überwiegend den Zweck haben,
anzudeuten, daß die von ihnen eingeschlossenen Kartenflächen bestimmten
Höhenstufen angehören. Aus diesem Grunde, und weil trotz großen
Vertikalabstandes die Isohypsen in gebirgigeren Teilen meist sich dicht
aneinander drängen und wenig Anschauungswert hier besitzen, ergibt sich
endlich, daß eine bloße Isohypsendarstellung bei geographischen Karten in
weit höherem Grade als bei topographischen einer Vervollständigung durch
Farben bedarf, und zwar ist bei Karten kleiner und kleinster Maßstäbe
eine mehrfarbige Skala angezeigter als eine einfarbig abgestufte.

Bei einer Ausführung der Geländedarstellung in Schattenplastik,
sei es durch Schraffen oder Schummerung in senkrechter oder schiefer Beleuchtung ist, wie aus obigen Darlegungen schon geschlossen werden kann,
gleichfalls eine mit abnehmendem Maßstabe zunehmende Generalisierung
notwendig, und die erste Folge derselben ist, daß die Böschungsskala, die

auf topographischen Karten die Neigungsverhältnisse andeutet, in der dort möglichen Schärfe und Abstufung hier nicht mehr anwendbar ist. Selbst bei größeren Maßstäben können mittels der Schattenplastik nur allgemein und relativ steilere und schwächere Böschungen angedeutet werden, und in kleineren Maßstäben erfährt der Leitsatz: „je steiler, desto dunkler" eine sinngemäße Änderung dahin: „je höher, desto dunkler". Denn in demselben Maße, in dem die fortschreitende Generalisierung ein Unterdrücken der Einzelheiten in den Neigungen und Formen des Geländes erfordert, wird es nötig, die Gegensätze von Hoch und Tief, von Eben und Gebirgig zur Anschauung zu bringen, und dieser Forderung vermag die Schattenplastik nach dem eben erwähnten Leitsatze in gewissem Umfange, soweit es sich um das relative Verhältnis: „höher und niedriger" handelt, zu genügen. Die erforderliche Geschicklichkeit vorausgesetzt, kann besonders mittels der Schraffen ein ausdrucksvolles, auch noch feinere Unterschiede in den Neigungen berücksichtigendes Bild des Geländes geschaffen werden, wie die Karten unserer großen Handatlanten und besseren Schulatlanten zeigen. Sie beweisen, daß sich die geographische Karte nicht darauf zu beschränken braucht, nur anzudeuten, wo Erhebungen sind und wo nicht, sondern, daß es selbst bei verhältnismäßig kleinen Maßstäben noch möglich ist, die charakteristischen Züge der Bodengestaltung klar darzustellen, und daß erst bei allerkleinsten Maßstäben diese Andeutung von Erhebungen zur Anwendung kommt.

Die Ausführung der Geländezeichnung auf geographischen Karten erfolgt seitens des Kartographen, auch wenn die gedruckte Karte Schraffenterrain erhalten soll, durchweg mittels des Pinsels in Schummerung, denn die Ausführung in wirklicher Schraffenmanier auf dem Papier wäre eine zu mühevolle, langwierige Arbeit, welcher der dadurch erreichte Erfolg garnicht entsprechen würde. Es ist, wozu freilich eine nur durch lange Übung erreichbare Geschicklichkeit erforderlich ist, möglich, mittels des Pinsels die Geländezeichnung derart abzuschattieren, daß eigens darauf ausgebildete Lithographen oder Kupferstecher diese Tuschzeichnung in Schraffenzeichnung zu übersetzen vermögen, welche alle Feinheiten in der Schattierung wiedergibt. Das gilt sowohl für in senkrechter als auch in schräger Beleuchtung ausgeführtes Terrain.

Damit die Höhenverhältnisse, welche bei geographischen Karten wichtiger sind, als die Neigungsverhältnisse, recht deutlich zum Ausdrucke kommen, werden, wie bei Höhenschichtenkarten, auch bei solchen, deren Terrain in Schraffen oder Schummerung ausgeführt ist, häufig noch die Farben zu Hilfe genommen. Das ist besonders der Fall bei den sogenannten physischen Karten in Hand- und Schulatlanten, bei denen gegenwärtig die Regionalfarben Sydows vorherrschen, während die Hauslab'sche Manier und Peuker's Skala weniger verwendet werden.

Sechstes Kapitel.

Anhang: Kartenzeichnung und Kartenvervielfältigung.

Der Wert einer Karte, welche zur Vervielfältigung bestimmt ist, hängt nicht nur — von ihrem wissenschaftlichen Inhalt ganz abgesehen — von der richtigen und sachgemäßen Ausführung der Situations-Schrift- und Terrainzeichnung, sondern ebenso von der genauen und sachgemäßen Reproduktion und endlich auch von einem guten Drucke ab.

Es ist darum nötig, auch in Kürze das Vervielfältigungsverfahren zu berühren; eingehender auf dasselbe einzugehen, geht um so mehr über die Grenzen dieses Buches hinaus, als die hochentwickelte Reproduktionstechnik mit ihren mannigfaltigen Verfahren allein schon den Stoff eines selbständigen Werkes liefert und dementsprechend auch zu behandeln ist: das ist aber mehr die Aufgabe des Technikers als die des Kartographen, was freilich ein Zusammenwirken beider nicht ausschließt.

Das wichtigste Vervielfältigungsmittel für geographische (auch für topographische) Karten, die einen dauernden Wert besitzen und nicht Augenblicksbedürfnissen genügen sollen, bildet der Solnhofer Lithographiestein, und die für genannte Karten wichtigste Reproduktionsmethode ist die Gravüre oder auch, wenn auch nicht völlig korrekt gebraucht, der Stich. Wie beim Kupferstich, der früher für bessere Karten fast ausschließlich gebräuchlich war, wird auch hier die Zeichnung mittels einer Stahlnadel oder Diamantspitze in den eigens dafür vorbereiteten Stein in umgekehrter Anordnung — als Spiegelbild — eingeritzt. Um von der vollendeten Platte einen Abdruck zu erhalten, muß man die eingeritzten, vertieften Stellen mit lithographischer Druckfarbe füllen; zu diesem Zwecke muß der Stein, gerade so wie die Kupferplatte, erst völlig mit der Farbe eingerieben werden, die alsdann wieder so entfernt wird, daß nur die vertieften Stellen sie zurückbehalten. Da dies Verfahren nach jedem einzelnen Drucke wiederholt werden muß, so ist diese Art lithographischen Druckes nur auf der Handpresse ausführbar und für große Auflagen nicht gut verwendbar. Der Stein mit dem vertieften Originalstich, dessen Ausführung meist auch Monate beansprucht hat, ist auch der Gefahr eines Bruches oder Sprunges in der Presse ausgesetzt, der eine mühevolle Arbeit im Augenblicke völlig vernichten könnte.

In Rücksicht auf diese Umstände wird der wertvolle Originalstein in der Regel zum Drucke nicht benutzt, sondern von ihm durch ein besonderes, nur einen Zeitaufwand von einigen Stunden erforderndes Verfahren, ein sogenannter Umdruck hergestellt, der die vertieft eingerissene Zeichnung des Originalsteins (Tiefdruck) nunmehr oberflächlich auf dem Umdrucksteine aufliegend wiedergibt (Flachdruck). Der wesentliche Vorteil des Umdruckverfahrens besteht 1. darin, daß der Originalstein geschont und nicht der Gefahr des Springens ausgesetzt wird, 2. daß jederzeit Umdrucke in beliebiger Zahl hergestellt werden können, also abgenutzte ohne Mühe ersetzt werden können, 3. daß nunmehr der Stein so zugerichtet werden kann, daß nur die Punkte, Linien oder Flächen der Zeichnung die Farbe annehmen, nicht aber die leeren Stellen. Dieser letzte Umstand ermöglicht die Benutzung der Schnellpresse zum Drucke. Der wesentlichste Nachteil des Umdruckes besteht darin, daß die Feinheit und Schärfe des Stiches, die beim Tiefdrucke voll gewahrt bleiben, infolge des Flachdruckes abgeschwächt werden, was sich besonders bei Terrainzeichnung in Schraffen fühlbar macht, weniger bei der Situation und Schrift. Während Terraindrucke vom Originalstein, wenn der Stich gut ausgeführt ist, an Feinheit, Schärfe und Zartheit der Abschattierung kaum dem Kupferstiche und -drucke nachstehen, ist der Abdruck vom Umdruckstein erheblich lebloser und einförmiger, eintöniger.

Die Zeichnung der Situation und Ausführung der Schrift erfolgt seitens des Kartographen auf Papier mittels Feder und Tusche oder flüssigen Farben (unverwaschbare Ausziehtuschen). Selbst mit der feinsten Feder und der flüssigsten Tusche kann der Kartograph auf dem Papier nicht die Feinheit, Schärfe und Schwärze der Striche und Linien erzielen, die der Lithograph mittels des Stahles oder Diamanten auf dem Steine und nach ihm der Drucker erreichen kann; daher wird ein Abdruck der Situationszeichnung und der Schrift, zumal vom Originalstein stets viel feiner, schärfer und voller aussehen, als auch die feinste Federzeichnung. Von Bedeutung ist dabei auch der Umstand, daß meist die Lithographen in einer Richtung besonders ausgebildet sind, vornehmlich entweder als Schrift- oder als Terrainstecher und demnach auf infolge besonderer Übung auf einem engeren Gebiete dem Zeichner auf diesem überlegen sind. Es kommt noch dazu, daß für wertvollere Karten in der Regel Situation, Schrift und Terrain, die in der Zeichnung häufig auf einem Blatte ausgeführt sind, auf besonderen Steinen gestochen werden und erst durch Umdruck wieder vereinigt werden, das Terrain freilich nur dann, wenn es wie jene in derselben Farbe, d. h. in Schwarz gedruckt werden soll, was jetzt weniger gebräuchlich ist als früher, da Braun aus mancherlei Gründen, besonders weil dann die Schrift lesbarer wird, sich mehr und mehr einbürgert.

Wenn daher der Situationsstich von einem guten Stecher ausgeführt wird, kann die Zeichnung, sofern sie nur richtig ist, vielfach freier ausgeführt werden; es ist, worauf schon früher hingewiesen ist (s. S. 27), nicht nötig, alle Linien und Signaturen genau in der Form auszuführen, in der sie auf der gestochenen Karte erscheinen; sie können durch Farben und einfachere Zeichen angedeutet werden, für deren endgültige Umformung beim Stiche dem Stecher ein Schlüssel angefertigt wird. Desgleichen braucht die Schrift gerade nicht absolut in der Größe und Form der gestochenen Karte ausgeschrieben werden; wenn die Rechtschreibung richtig ausgeführt und Form und Größe annähernd beobachtet, unter Umständen durch farbige Unterstreichung, eine Gruppierung nach Größe und Art vorgenommen wird, die den Stecher orientiert, gibt auch hier ein tüchtiger Schriftstecher diesem Bestandteil der Karte erst beim Stich die endgültige korrekte Form, die als ein wichtiges Erfordernis jeder guten Karte zu betrachten ist. Die Stellung zum Objekt freilich muß ihm auf der Zeichnung fest vorgeschrieben sein, besonders wenn die Schrift auf besonderer Platte gestochen wird. Wenn es auch wünschenswert ist, daß der Kartograph alles so zeichnet und schreibt, wie es gestochen werden soll, so liegt in dieser Möglichkeit, den endgültigen Schliff erst beim Stiche in die Karte hineinzubringen, doch eine bedeutende Erleichterung, die besonders Anfängern zu statten kommt. Daß das Terrain auf der Karte durchweg mit dem Pinsel gezeichnet und beim Stiche erst in Schraffen übersetzt wird, gehört auch hierhin und ist bereits erwähnt worden (s. S. 71). Hier freilich ist eine Verbesserung durch den Stecher ausgeschlossen, da er sich bei dessen Reproduktion nicht an feststehende Muster, wie bei Schrift und Signaturen halten, vielmehr nur die Vorlage kopieren kann; das Terrain muß daher genau so ausgetuscht werden, wie es im Drucke erscheinen soll.

Wesentlich anders liegt das Verhältnis zwischen Zeichnung und Stich, sobald Farben und Flächen in Betracht kommen. Der Kartograph (Zeichner) besitzt bei der Anwendung der Farben geradezu eine unbeschränkte Bewegungsfreiheit. Wenn es auch vielleicht dem Anfänger noch nicht so bald gelingen dürfte, größere Flächen genau gleichmäßig in demselben Farbentone anzulegen — in dieser Hinsicht ist z. B. Blau eine schwierig zu behandelnde Farbe — so hat er doch die Möglichkeit, durch Verwaschen und Verstärken sehr zahlreiche Töne und Übergänge innerhalb einer Farbe zu erzeugen, wie weiterhin die Möglichkeit, durch Mischen oder Überdecken von Farben zahlreiche Mischfarben herzustellen, die unmerklich ineinander übergehen; es lassen sich somit z. B. mit dem Pinsel Höhenschichtenkarten herstellen, die der Forderung einer optischen Verkörperung der dritten Dimension wie sie Peucker aufstellt, schon erheblich näher kommen, als es bis jetzt durch den Druck erreicht ist. Auf diesem Gebiete, das nicht mehr so sehr den Stich, als vielmehr die Drucktechnik berührt, bleibt diese einstweilen noch hinter der Handzeichnung in mancher Hinsicht zurück.

Eine besondere Beachtung verdienen die Abstufungen, welche innerhalb einer Farbe erzeugt werden. Der Kartograph bringt diese durch Verwaschen oder Verstärken in den zahlreichsten Abstufungen und feinsten Übergängen hervor, und stets ist jeder Ton ein Flächenton. Anders liegt die Sache bei der Reproduktion; hier kann nur der tiefste, dunkelste Ton (Vollton) als Flächenfarbe gegeben werden, alle über ihm liegenden, helleren Töne müssen, wollte man nicht noch für einzelne Töne besondere Platten einführen, dadurch hergestellt werden, daß der Vollton durch Einschieben von gleichmäßig starken hellen (weißen) Zwischenlinien in gleichen Abständen in hellere Töne aufgelöst wird (Raster). Durch Anwendung verschiedener Linienstärken in paralleler Anordnung (Linienraster), aber auch sich schneidender Linien (Kreuzraster) lassen sich immerhin verschiedene Abstufungen auf einer Platte herstellen, derer Zahl auch meist genügen dürfte. Es läßt sich aber nicht verkennen, daß selbst bei mehreren Abstufungen doch der Übergang von einem Ton zum nächsten sich etwas unvermittelt und sprunghaft vollzieht, und daß das Rasterverfahren nicht die feinen unmerklichen Übergänge zu leisten vermag, die mit dem Pinsel erzielt werden können. Auch erhalten die Rastertöne ihre richtige Wirkung erst bei dem Augabstand, bei dem die einzelnen Linien von dem Auge nicht mehr auseinandergehalten werden können.

Ähnlich verhält es sich mit der Schummerung. Auch hier zeigt die in Tusche ausgeführte Handzeichnung fein abgestufte Flächentöne und zarte Übergänge. Für die Vervielfältigung einer Schummerung wird der Stein gekörnt, d. h. seine glatte Oberfläche den Tönen entsprechend feiner oder gröber gerauht, wodurch die Farbe in ebenso feinere und stärkere, hellere und dunklere Punkte aufgelöst wird, welche zusammen die Tonabstufungen hervorbringen. Bei sehr sorgfältiger Ausführung dieser Arbeit läßt sich freilich die Feinheit der Tuschzeichnung erreichen[1]: für die rechte Wirkung ist aber auch hier ein gewisser Augabstand erforderlich. Statt der Schummerung wird neuerdings bei der Reproduktion auch das Rasterverfahren (Kreuzraster) für Terrain verwendet.

Eine besonders schwierige Aufgabe ist der Druck von farbigen Karten, besonders von vielfarbigen Höhenschichtkarten, wenn die Zahl der Farben es erfordert, einzelne Farben durch Übereinanderdrucken von zwei oder mehreren Farben zu erzeugen; denn wenn z. B. aus zwei Farben, die auf der Karte an manchen Stellen selbständig, d. h. rein auftreten sollen, eine dritte gebildet werden soll, so ist klar, daß dadurch die Abstimmung ihrer Grundtöne nicht mehr ganz unbeschränkt ist. Das zeigt sich z. B. bei der Ausführung der natürlichen Farbenreihe Peucker's, in der Blau, Grün, Gelb, Orange und Rot mit Unterstufen in jeder Farbe zu drucken sind. Das Grün wird dabei durch Verbindung von Blau und Gelb, Orange durch Verbindung von Rot und Gelb erzeugt, so daß nur für Blau, Gelb und Rot je eine Farbenplatte mit Unterstufen durch Raster verwendet wird. Es liegt auf der Hand, daß hier vor allem das Gelb eine wichtige Rolle spielt, da von ihm sowohl die Töne des Grün als auch die des Orange beeinflußt werden; nach ihm muß sich aber auch das Blau und Rot richten, und jede kleine Änderung in der Abstimmung auch nur einer dieser drei Hauptfarben vermag ein völlig verändertes Gesamtbild hervorzurufen. Eine nicht minder wichtige Aufgabe besteht dabei auch in der Bestimmung der Rasterstärken für die Zwischenstufen. Die Abstimmung des Grund(Voll-)tones jeder Farbe wird nun dadurch erschwert, daß jede Farbe für sich allein auf das Auge ganz anders wirkt, als in dem Durch- und Nebeneinander

---

1) Sie geht aber beim Drucke leicht verloren, da das Korn des Steines die Neigung hat, die angenommene Druckfarbe zu verschmieren (verpatzen).

mit anderen Farben, wovon man sich leicht durch Isolierung einer Farbe auf einer vielfarbigen Karte überzeugen kann, indem man ein mit einem kleinen Ausschnitt versehenes Stück Papier auflegt und die zu untersuchende Farbe durch diesen betrachtet. Auch ist es nicht unwesentlich, ob eine Farbe in der Ausdehnung die anderen erheblich überwiegt. Ein und dasselbe Tieflandsgrün z. B. wirkt anders auf einer Karte mit vorherrschendem Tiefland, anders auf einer mit vorherrschendem Gebirgslande, und das gleiche gilt von den anderen Farben. Die Abstimmung der Farben für den Druck ist darum sehr mühevoll und langwierig und wird zudem noch dadurch erschwert, daß die Empfindlichkeit oder Empfänglichkeit des Auges für die einzelnen Farben nicht durchweg gleich ist. Wie es Augen gibt, die für einzelne Farben überhaupt unempfindlich (farbenblind) sind, so sind wieder andere in bezug auf die Wirkung der Farbe nicht gleich, und demgemäß wird eine Farbe sowohl für sich allein als auch in Verbindung mit anderen im Gesamtbilde von verschiedenen Betrachtern ebenso verschieden beurteilt, so daß ein allgemein gültiges und übereinstimmendes Urteil über eine in Farben ausgeführte Karte wohl kaum zu erwarten sein dürfte.

Die Wirkung der Farben wird ferner in dem Falle empfindlich beeinflußt, wenn auf der Karte neben der Höhenschichtdarstellung durch sie gleichzeitig das Terrain in Schraffen oder Schummerung eingedruckt wird. Dadurch erleiden die Farben im allgemeinen eine Abschwächung, worauf bei der Abstimmung Rücksicht genommen werden muß. Die von Friedrich vorgeschlagene Höhendarstellung durch farbige Schraffen (s. S. 67) sucht diesem Übelstande abzuhelfen; wie bei dieser Methode aber die ebenen Flächen farblos (weiß) bleiben, so erscheinen im anderen Falle zwar diese Flächen in der ihrer Stufe entsprechenden Farbe, aber, da auf ihnen Schraffen und Schummerung fehlen, stets erheblich heller, als die Böschungen, wodurch die Vorstellung gleicher Höhe doch beeinträchtigt wird.

Während es bei der Ausführung einer Tuschzeichnung nicht leicht ist, überall einen gleichmäßigen Farbenton und -stärke einzuhalten — z. B. bei räumlich auseinanderliegenden, getrennten Stufen gleicher Höhe —, gibt es diese Schwierigkeit beim Drucke nicht: hier wird stets absolute Gleichmäßigkeit erzielt. Sie erstreckt sich aber nur auf das einzelne Blatt, nicht auf die Gesamtauflage eines solchen. Sobald es sich um eine solche in größerem Umfange handelt, muß von Zeit zu Zeit der Schnellpresse frische Farbe zugeführt werden, die genau auf denselben Ton abzustimmen, wie die verbrauchte, auch selten gelingt; daraus und aus dem Umstande, daß bei Umdrucksteinen allmählich die Schärfe des Umdrucks nachläßt, daß bei längerem Laufe der Maschine auch der Walzendruck sich mindert, erklärt sich die Tatsache, daß zwei Blätter derselben Karte oft ein sehr verschiedenes Aussehen zeigen, nicht bloß bezüglich der Abstimmung der Farben, sondern auch bezüglich der Schärfe der linearen Elemente, besonders des in Schraffen ausgeführten Terrains. Daraus erklärt sich auch die Tatsache, daß Blätter einer zusammensetzbaren Karte, die nicht gleichzeitig gedruckt sind, in den Farben des Terrains und andrer Elemente oft weit auseinandergehen.[1]

Mit diesen kurz angedeuteten Umständen muß der Kartograph bekannt sein und rechnen. Die richtige Wiedergabe seiner Arbeit hängt nicht lediglich von seiner eigenen, sachgemäßen Ausführung ab, sondern in hohem Grade auch von denen, die seine Arbeit zu vervielfältigen haben, d. h. von dem Stecher und dem Drucker, und ganz besonders die Technik des Farbendruckes ist ein Gebiet, dem auch der Kartograph seine Aufmerksamkeit zuwenden muß. Die Vervollkommnung desselben ist zweifellos die Vorbedingung für die Erreichung des Zieles für die Lösung der Aufgabe, mittels der Farben zu einer Darstellung der dritten Dimension der Erdoberfläche zu gelangen, welche die Höhenverhältnisse optisch

---

1) Vgl. dazu besonders die Blätter der neuen Karte von Mitteleuropa 1 : 300000, herausgeg. von der preuß. Landesaufnahme.

verkörpert, nachdem durch die Anwendung der Schattenplastik die Neigungsverhältnisse eine Darstellung erhalten haben, die wohl als abgeschlossen angesehen
werden darf. Die Höhenplastik ist aber für geographische Karten wichtiger, als die
Böschungs- und Formenplastik, darum hat auch die geographische Kartographie
ein besonderes Interesse an der Vervollkommnung der Mittel, durch welche eine
Darstellung der Höhenverhältnisse auf der Kartenebene erreichbar erscheint, aber
noch nicht erreicht ist.

Fünfter Abschnitt.
Kartometrie.

Erstes Kapitel.
Vorbemerkungen.

1. Aufgabe der Kartometrie. Zu den vielen Aufgaben, die unter Benutzung topo- und geographischer Karten gelöst werden sollen und können,
gehört auch die Ermittelung von in Zahl und Maß ausdrückbaren Größen und
Werten, welche den Karten durch irgendwelche mathematischen Operationen
entnommen werden können, d. h. die Ausführung von Messungen auf der
Karte oder Berechnungen nach deren Angaben.

Der Karteninhalt ist, wie alle vorhergehenden Kapitel mehr oder weniger
direkt zeigen, das bildlich dargestellte Ergebnis von Messungen der verschiedensten Art, die in der Natur ausgeführt sind. Es liegt daher nahe,
auch den umgekehrten Weg einzuschlagen und aus der Karte die Werte
und Größen der dargestellten Objekte zu ermitteln. Bekanntlich kann man,
wenn von regelmäßigen geometrischen Gebilden wie Dreiecken, Vierecken usw.
nur einige Seiten und Winkel bekannt sind, die übrigen Seiten und Winkel
auf dem Wege der geometrischen Konstruktion oder trigonometrischen Berechnung bestimmen. Der Situationsinhalt der Karte besteht zum großen
Teile aus Linien und Winkeln, und Punkten, die nur zum Teile ihrer Lage
und Größe nach durch direkte Messung bestimmt sind, während der übrige
Teil durch Konstruktion oder Berechnung festgelegt ist. Es können daher
auf der Karte nicht nur solche Objekte, die schon in der Natur gemessen
sind, nachgemessen werden, sondern auch solche, die in der Natur noch
nicht gemessen sind oder gar nicht gemessen werden können, z. B. weil
sie unzugänglich sind, gemessen, d. h. ihre Größe und Lage bestimmt werden.
Die Karte macht manche Objekte dem Auge und der Messung überhaupt
erst zugänglich und hierin liegt offenbar ein Hauptwert derselben.

2. Vorfragen zur Kartometrie. Wer aus Karten durch Messungen
oder auch durch mit solchen zusammenhängenden Berechnungen Größen ermitteln will, muß sich zuvor über die mathematischen Grundlagen derselben
unterrichten; es müssen also zunächst die Projektion, in der die Karte, auf
der Messungen angestellt werden sollen, entworfen ist, sowie deren spezi-

tische Eigenschaften bekannt sein, bezüglich welcher Fragen auf Teil I verwiesen wird. Im Zusammenhange hiermit steht auch die Frage, welche Dimensionen des Erdsphäroids bei der Berechnung zugrunde gelegt sind. Im allgemeinen fußen unsere Karten auf den von Bessel berechneten Elementen, nach denen auch eingehende Tabellen für Längen und Flächen berechnet sind, die für bestimmte Messungen zur Kontrolle dienen können, indem ihre auf rechnerischem Wege ermittelten Resultate sozusagen das „Soll" darstellen, dem das durch Messung auf der Karte ermittelte „Ist" gegenübersteht. Den Elementen Bessels stehen die von Clarke (1866 und 1880) gegenüber, die immerhin nicht ganz unbedeutende Abweichungen zeigen. In jedem Falle sind die Elemente des Erdsphäroids, obgleich sie aus geodätischen Operationen, die mit größter Genauigkeit ausgeführt sind, ebenso scharf abgeleitet sind, doch nur Näherungswerte, und ebenso sind alle anderen Werte, die aus ihnen weiterhin abgeleitet sind, auch nur Näherungswerte, auch wenn sie, wie z. B. in den Tafeln Steinhausers bei Flächenangaben bis auf Hundertstel des Hektars berechnet sind[1]).

3. Genauigkeitsgrad kartometrischer Messungen. Auch in den größten Maßstäben sind Karten so erheblich verkleinerte Abbildungen der Erdoberfläche, daß die Schärfe, in der gewisse Linien- und Flächenelemente der Oberfläche, nämlich die Meridiane und Parallelkreise im ganzen, und in ihren auf der Gradeinteilung beruhenden, in gleichen Intervallen fortschreitenden Unterteilungen, sowie die von diesen Teilen eingeschlossenen Gradfelder, aus den Elementen des Sphäroids berechnet sind, durch die Verjüngung bereits erheblich abgeschwächt wird. Die in km oder m und qkm oder qm zahlenmäßig ausgedrückten Dimensionen können zwar bei der Reduktion auf einen beliebigen Maßstab in aller Schärfe rechnerisch bestimmt werden, aber schon bei der Umkehrung des Verfahrens, aus den verjüngten Werten die natürlichen wieder zurückzuerhalten, stellen sich Abweichungen ein, weil bei diesen Werten die Bruchteile der km oder m und qkm oder qm durchweg irrationale Dezimalbrüche sind. Die bildliche Darstellung einer rechnerisch exakt reduzierten Länge und damit auch eventuell einer Fläche findet aber ihre Grenze an dem, was zeichnerisch auszuführen möglich ist. Es lassen sich noch Bruchteile eines mm bis auf etwa 0,1 mm herab auf dem Papiere genau auftragen; ein solcher Bruchteil kann aber je nach dem Maßstabe den Wert von einigen Metern, aber auch den von etlichen Kilometern besitzen, und wenn nun eine auf der Karte bis zu Bruchteilen des mm abgemessene Größe auf die natürliche Größe umgerechnet wird, so ergibt sich, daß die Rechnung doch nicht genau diese wiedergeben wird, sondern nur in einem vom Maßstab abhängigen Näherungswerte. Dabei ist zunächst stillschweigend vorausgesetzt, daß die Verjüngung sowohl als auch die Einzeichnung auf der Karte, sowie endlich die Abmessung absolut genau in mathematischem Sinne ausgeführt worden sind.

1) A. Steinhauser, H. Wagners Tafeln der Dimensionen des Erdsphäroids, auf Minuten-Dekaden erweitert, Wien 1885. Wagners Tafeln s. im Geogr. Jahrb. III, 1870, XXVI ff., eine Ergänzung s. Pet. Mitt. 1902, Heft IX.

Diese Voraussetzungen treffen aber keineswegs zu. Die Linien des mathematischen, gedachten Gradnetzes werden auf der Karte als reelle, wenn auch noch so feine Linien abgebildet; andere reelle Linien der Oberfläche, wie die Grenzen zwischen Wasser und Land, politische Grenzen, Wege usw., die als Messungsobjekte in Betracht kommen, werden, wie schon früher erwähnt, mit einer unvermeidlichen Übertreibung eingezeichnet, und endlich sind die beim Messen benutzten Hilfsmittel, wie die Zirkel in ihren Spitzen, Liniennetze usw., trotz ihrer Feinheit doch nicht Punkte oder Linien in mathematischem Sinne, sondern reelle Körper, die in den für die Meßarbeit wesentlichen Teilen eine, wenn auch minimale, Ausdehnung besitzen, welche einer völlig exakten mathematischen Messung im Wege steht. Sodann kommt auch die Beschaffenheit der Karte, auf der die Messungen ausgeführt werden, in Betracht. Das Papier ist ein Körper, der für Temperatur und Feuchtigkeitsgehalt der Luft sehr empfänglich ist, darum auch Veränderungen in linearer und arealer Richtung unterliegt. Insbesondere ist noch zwischen gezeichneten und gedruckten Karten zu unterscheiden. Bei gezeichneten Karten können Veränderungen besonders dann eintreten und von Bedeutung werden, wenn auf ihnen größere Flächen farbig angelegt werden, weil dem Papier dabei direkt durch die Farben Feuchtigkeit zugeführt wird. Gedruckten Karten, bei deren Stich es schon von Wichtigkeit ist, daß sie genau in den Abmessungen der Originalzeichnung auf den Stein (Platte) übertragen werden, wird durch den Druck gleichfalls Feuchtigkeit zugeführt, und gewöhnlich mehrmals, da sie meist in mehreren Farben gedruckt werden; dazu kommt aber, daß sie beim Passieren der Presse dem Drucke der Walzen ausgesetzt sind, der, in der zur Walzenachse senkrechten Richtung wirkend, in dieser eine Verstreckung zu erzeugen geeignet ist, die schwerlich durch das Eintrocknen der Farben wieder ganz genau behoben wird. An letzter Stelle ist dann zu berücksichtigen, daß auch die persönlichen Eigenschaften des Messenden, als welche vornehmlich eine sichere, leichte Hand und ein gutes Auge zu nennen sind, bei Kartenmessungen in Betracht zu ziehen sind.

Hieraus ergibt sich, daß vor Beginn der Messungen außer der Information über den Entwurf der Karte und seine Deformationsverhältnisse auch noch andere Vorfragen zu erledigen sind. Ganz selbstverständlich ist es, daß die Karte trocken ist und sich in einem Raume mit dauernd gleichmäßiger Temperatur befindet, was auch für alle Meßinstrumente gilt. Alsdann ist die Karte auf die Abweichungen hin zu untersuchen, welche teils durch die unvermeidlichen Fehler bei der Konstruktion, teils durch die Veränderungen, die durch Anwendung von Farben und, wenn es sich um gedruckte Karten handelt, durch den Stich und Druck bedingt werden, entstanden sein können. Das Mittel hierzu bilden die Tafeln der Dimensionen des Erdsphäroids, wie sie von H. Wagner und A. Steinhauser berechnet worden sind, und welche, wie gesagt, die „Sollwerte" enthalten, die jede Karte in ihrem mathematischen Gerüste, d. h. den Linien des Gradnetzes, theoretisch wenigstens besitzen soll. Man wird also zunächst etwa den geradlinigen Kartennull- oder Mittelmeridian in seinen Teilstücken von Parallel zu Parallel messen und nachrechnen, ob die Längen den wirklichen entsprechen; man wird, wenn nach dem Projektionsgesetz die Meridiane und Parallelkreise untereinander gleichabständig sein sollen, durch Zirkelmessungen nachprüfen, ob diese Gleichabständigkeit vor-

banden ist, ob Abweichungen und in welchem Grade vorkommen; endlich wird
man auch, wenn nicht alle, so doch einige Gradfelder, und zwar an verschiedenen
Stellen planimetrisch ausmessen und den gefundenen „Istwert" mit dem berechneten
„Sollwert" vergleichen, um festzustellen, um wieviel °/₀ der eine vom anderen abweicht. Es empfiehlt sich auch, diese Prüfungsmessungen wiederholt, nach längeren
Zwischenräumen, anzustellen, da aus den Ergebnissen auch u. a. ein Schluß auf die
Genauigkeit der Messungsarbeit, d. h. auf die Sicherheit und Zuverlässigkeit des Auges
und der Hand gefolgert werden kann. Über das „Wie" dieser Prüfungen, bei denen,
wie bei den eigentlichen Messungen, die kartometrische Technik ganz zur Anwendung
kommt, wird bei der Erörterung der Meßarbeiten gehandelt werden; hier soll nur
durch diese Ausführungen dargelegt werden, daß alle auf Karten ausgeführten
Messungen, auch wenn sie mit peinlichster Genauigkeit ausgeführt werden, immer
nur Näherungswerte liefern können. Es ist darum durchaus nötig, die Messung
selbst sehr genau, bis auf Bruchteile der als Maß für Länge oder Fläche gewählten
Einheit, z. B. des *mm* oder *qmm* zu treiben, die Bruchteile auch bei der Um-
rechnung in das wirkliche Maß miteinzusetzen, dann aber ist es angebracht, das
endgültige Ergebnis, weil es Näherungswert ist, abzurunden.

Das Maß der Abrundung hängt vom Maßstab der gemessenen Karte ab. Im
Maßstabe der Meßtischblätter, 1 : 25000 z. B. besitzt 1 *km* der Natur eine Karten-
länge von 40 *mm*, 1 *qkm* der Natur eine Kartenfläche von 1600 *qmm*. An gerade
verlaufenden Linien, wie Wegestrecken, ist es hier unter Benutzung eines Maßstabslineals mit Teilung bis auf 0,5 *mm* möglich, Längen bis auf 0,5 *mm* genau ab-
zulesen, bis auf 0,25 *mm* abzuschätzen, so daß solche geraden Strecken bis auf
5 bis 6 *m* gemessen und zweckmäßig auf Zehner abgerundet werden können. Dementsprechend können Flächen unter günstigen Verhältnissen bis auf 100 *qm* = 1 *a*
gemessen werden. Bei 1 : 100000 können Längen unter den gleichen Umständen
bis auf 50 *m*, Flächen bis 0,25 *ha* abgerundet ermittelt werden. Bei 1 : 500000
wird eine Abrundung der Längen auf 0,5 *km* oder der Flächen auf 0,25 *qkm* angebracht sein, während bei 1 : 1000000 es sich schon darum handelt, auf ganze
km und *qkm* abzurunden. Dabei ist vorausgesetzt, wie schon erwähnt, daß es sich
bei Strecken um gerade Linien und bei Flächen um geradlinige Figuren handelt,
die ohne Benutzung eigentlicher Instrumente durch Anlegung eines Maßstabslineals für
Streckenmessung, weiterhin auf geometrischem Wege inhaltlich sich bestimmen lassen.
Solche einfachen, bequemen Messungen kommen aber selten vor, es wiegen solche
an unregelmäßigen Linien und von solchen begrenzten Flächen vor, die mit besonders konstruierten Instrumenten gemessen werden müssen, deren Beschaffenheit
erheblich größere Abrundungen erfordert. Diese Abrundungen wachsen mit ab-
nehmenden Maßstäben. Es ist dabei auch zu beachten, daß Messungen, die zu
geographischen Zwecken ausgeführt werden, ganz andere Ziele verfolgen und
daher auch ganz anders zu bewerten sind, als Messungen, die z. B. zu technischen
Zwecken, wie zu Wege- und Kanalbauten oder zu wirtschaftlichen, wie die Messungen
der Kataster-Forstbehörden usw. mit größter Genauigkeit auf Plänen größten Maßstabes ausgeführt werden. Für den Geographen ist es unwesentlich, ob das Deutsche
Reich 540663 *qkm*, Preußen 348607 *qkm* und Bayern 75870 *qkm* Flächeninhalt
besitzen: er kann und wird diese Zahlen ohne jeglichen Schaden auf 540000,
348000 (bisweilen sogar auf 350000) und auf 75000 oder 76000 *qkm* abrunden;
denn wenn auch die eben genannten Zahlen, von denen 2 im Werte von einigen
hunderttauseud *qkm* noch die *qkm* bis auf die Einer hinab angeben, dadurch den
Schein größter Zuverlässigkeit und Genauigkeit zu erwecken geeignet sind, so ist
diese im Grunde doch nicht besser begründet, als die der abgerundeten Werte.
Indem späterhin gezeigt wird, wie solche Größenangaben gewonnen werden, wird
sich der Beweis für diese letzte Behauptung von selbst ergeben.

Es ist hier nämlich noch ein Umstand zu berücksichtigen, der für sich allein
schon ausreichend ist, auch die genauesten Messungsergebnisse als Näherungswerte

zu charakterisieren. Die Karte bietet das Bild der Erdoberfläche dar, bezogen oder projiziert auf den ideellen Meeresspiegel, und wenn sie auch in der Geländedarstellung, sei es durch Isohypsen, sei es durch Schraffen oder Schummerung, sei es durch Farben oder endlich durch eine Kombination einiger dieser Darstellungsmittel ein plastisches Abbild der Oberflächengestaltung gibt, so erfolgt doch jede Längen- und Flächenmessung auf ihr in der Ebene des Meeresspiegels und berücksichtigt nicht die Flächenänderungen, die durch den Wechsel von Hoch und Tief hervorgebracht werden. Diese bedeuten aber, wie leicht ersichtlich, eine Vergrößerung aller Flächen, die nicht genau horizontal liegen, und selbst streng horizontale Linien und Flächen werden nur dann in der Karte längen-[1]) und flächentreu abgebildet, wenn sie in Meereshöhe liegen, während jede anders liegende Horizontalfläche auf der Karte desto stärker verkleinert erscheint, je höher sie über dem Meeresspiegel liegt; ebenso wird jede Fläche desto stärker verkleinert abgebildet, je größer ihr Neigungswinkel ist. Bei der Regellosigkeit und Häufigkeit, unter denen sich die Änderungen der Neigungswinkel und die Übergänge von Hoch zu Tief vollziehen, ist es auch kaum möglich, selbst für kleine Räume die daraus sich ergebenden Längen- und Flächenabweichungen gegen die Horizontalprojektion der Karte durch Ermittelung eines mittleren Neigungswinkels auch nur näherungsweise zu berichtigen: eine Vorstellung von diesen Abweichungen gewähren die Profile, an denen man die durch die Projektion auf den Meereshorizont bewirkte Verkürzung geneigter Linien mit dem Auge direkt erfassen kann, und bei Linienmessungen auf Isohypsenkarten großen Maßstabes kann man mit, aber auch ohne Zuhilfenahme eines Profils der Linie, schließlich auch die wahre Länge derselben rechnerisch ermitteln. Davon abgesehen, ist aber stets zu beachten, daß alle auf Karten ausgeführten Messungen Werte ergeben, die auf den Meeresspiegel bezogen sind und darum nur annähernd den natürlichen Dimensionen entsprechen[2]).

Zweites Kapitel.

Die Bestimmung geographischer Koordinaten.

Nur eine verhältnismäßig geringe Anzahl von Punkten (Orten) der Erdoberfläche ist durch astronomische Ortsbestimmung der Lage nach im Gradnetze bestimmt worden[3]). Weitaus die Mehrzahl aller Punkte ist der Lage nach dadurch bestimmt worden, daß sie zu jenen astronomisch bestimmten Orten erst durch geodätische Operationen (Triangulation usw.) in Beziehung gesetzt worden sind. Von ersteren sind also die geographischen Koordinaten λ, φ in meist genügender Schärfe (bis auf Winkelsekunden und Bruchteile derselben) bekannt, von letzteren nicht. Sie lassen sich aber auf graphischem Wege näherungsweise aus der Karte bestimmen. In der Situationszeichnung bietet die Karte den Lageplan oder den Grundriß der Erdoberfläche und gibt über die gegenseitige Lage aller Orte, die durch die Richtungsunterschiede und Entfernungen bestimmt wird, zunächst dem Auge Aufschluß. Die Ermittelung der absoluten Lage, d. h. der Lage im Gradnetz, die durch

---

1) Längentreu und flächentreu, soweit nicht die Projektion der Karte eine Änderung bedingt.

2) Vgl. zu dieser Frage auch Hammer im Geogr. Jahrb. 1894, S. 80 ff.; 1897, S. 23 ff.; 1901, S. 54 ff. u. Pet. Mitt. 1895, S. 193 ff.

3) Vgl. z. B. die Verzeichnisse der Sternwarten von Auwers und Wagner im Geogr. Jahrb.

die gegenseitige Lage auch bestimmt wird, erfolgt auf graphischem Wege und ist bereits früher behandelt worden (Teil I, S. 5,6). Indem darauf verwiesen wird, können die gemachten Bemerkungen in Kürze dahin erweitert werden, daß diese Aufgabe am einfachsten dadurch gelöst wird, daß, wie für die Einzeichnung der Situation, jetzt auf der vollendeten Karte das Gradnetz so weit als möglich verdichtet wird. Dann werden die Punkte, deren Koordinaten gesucht werden, schließlich entweder auf je einem der interpolierten Meridiane und Parallelkreise oder in einem der neugebildeten Gradfelder zu liegen kommen, so daß die Koordinaten abgezählt oder der Rest leicht abgeschätzt werden kann.

Auf einem Meßtischblatt läßt sich das Gradnetz leicht durch Linien von je 5″-Intervall verdichten, wobei die Meridiane etwa 4, die Parallelkreise etwa 6 mm Abstand haben. Es können demnach noch Schätzungen fast bis zur Sekunde[1]) ausgeführt werden. Auf der Generalstabskarte lassen sich demnach in diesen Abständen Netzlinien einschieben, die je 20″ Abstand haben, und so bis zu den kleineren Maßstäben geographischer Karten hinab, auf denen schließlich nur noch eine Verdichtung in Abständen von je 1⁰ Abstand möglich ist, so daß die Schärfe der graphischen Bestimmung oder Schätzung in erster Reihe von dem Maßstabe abhängt. In zweiter Linie hängt sie von der Qualität der Karte ab. Karten, die auf genauen topographischen Aufnahmen beruhen, und aus solchen abgeleitete Karten verbürgen zuverlässigere Ergebnisse, als Karten, deren Material auf flüchtigen Aufnahmen gewonnen ist, und ein großer Maßstab bürgt bei solchen kaum mehr als ein kleiner.

Drittes Kapitel.

Winkelmessungen.

1. Messung von Horizontalwinkeln. Bei der Messung solcher Winkel handelt es sich ausschließlich um die Feststellung von Richtungsunterschieden in der Ebene des Horizontes bzw. der Kartenfläche. Die Schenkel dieser Winkel werden also als gerade oder gekrümmte Linien in der Karte abgebildet. Es muß unterschieden werden zwischen Winkeln, deren Schenkel räumlich so eng begrenzt oder klein sind, daß sie auch in der Wirklichkeit sowohl als gerade, als auch als horizontal — wie auf den wahren Horizont des Scheitelpunkts bezogen — betrachtet werden können, und solchen, für welche diese Einschränkung nicht mehr gilt, bei denen also die Erdkrümmung bereits berücksichtigt werden muß. Zur Messung von Winkeln, deren Schenkel durch die geraden Verbindungslinien nicht allzuweit voneinander entfernter Orte gebildet werden, wird man topographische Karten benutzen, die, von wenigen Ausnahmen abgesehen, in Polyederprojektion entworfen, in jedem ihrer Blätter ein Stück der Erdoberfläche darstellen, dessen Abbild mit dem Urbild so übereinstimmt, daß alle auf dem Abbilde vorgenommenen zeichnerischen Eintragungen für praktische Aufgaben als mit den Linien und Winkeln des Urbildes genau übereinstimmend angenommen werden können (Teil I, S. 128). Man kann also im Rahmen eines

---

1) Für kartometrische Aufgaben kann man den Wert von 1″ im Meridian mit 31 m ansetzen, und für 1″ im Parallelkreis φ demnach durchaus genügend mit 31 m cos φ.

solchen Blattes beliebige Punkte geradlinig untereinander verbinden und
die dadurch gebildeten Winkel messen. Die Messung erfolgt mittels des
Transporteurs, der am Scheitelpunkte angelegt und dessen Halbmesser zur
Deckung mit einem Schenkel gebracht wird; am zweiten Schenkel kann
die Winkelgröße an dem Kreise abgelesen werden; besitzt der Transporteur
eine Alhidade (Nonius), so kann durch Einstellen derselben auf den zweiten
Schenkel der Winkelwert bis zur Schärfe von 3, auch 2 Minuten bestimmt
werden, was im allgemeinen genügen dürfte; bei Transporteuren ohne Alhidade können überschießende Gradteile nur geschätzt werden. Der Winkel
kann natürlich auch rechnerisch bestimmt werden; zu diesem Zwecke verbindet man die Endpunkte der Schenkel miteinander und erhält ein Dreieck,
das man nach obigen Ausführungen als eben betrachten und behandeln
kann; da seine Seiten mittels Zirkels oder Maßstabslineals meßbar sind, gestaltet sich die Aufgabe dahin, aus den 3 Seiten eines Dreiecks, a, b, c, einen
oder alle Winkel zu berechnen; das kann erfolgen nach dem Cosinus-Satz:

$$\cos \alpha = \frac{b^2 + c^2 - a^2}{2\,bc} \text{ usw. für } \cos \beta \text{ und } \cos \gamma$$

oder, wenn man die halbe Summe der 3 Seiten a, b, $c = s$ setzt, nach der
Formel:

$$\operatorname{tg} \frac{\alpha}{2} = \frac{1}{s-a} \sqrt{\frac{(s-a)(s-b)(s-c)}{s}} \text{ usw. für } \operatorname{tg} \frac{\beta}{2} \text{ und } \operatorname{tg} \frac{\gamma}{2}$$

Für den gelegentlich vorkommenden Fall, daß die Punkte auf verschiedenen, aber anstoßenden Blättern liegen, die des weißen Blattrandes
wegen nicht unmittelbar aneinander gestoßen werden können, empfiehlt es
sich, um zeitraubende Vorarbeiten zu vermeiden, mittels einer Pause die
Punkte auf einem Blatte zu vereinigen. Zu diesem Zwecke legt man zunächst die Pause auf ein Blatt und markiert den Punkt und die in Betracht
kommende Randlinie, legt dann die Pause auf das 2. Blatt, so daß die
Randlinien zur Deckung kommen und markiert sodann den oder die anderen
Punkte, und kommt noch ein drittes Blatt in Frage, so bewerkstelligt man
den Anschluß zwischen Bl. 2 und 3 wie den zwischen Bl. 1 und 2 durch
Kopieren und Decken der Randlinie. Auf der Pause kann alsdann der
Winkel bzw. das Dreieck durch Ziehen der Verbindungslinien gebildet
werden.

Sind die Entfernungen der Punkte, deren Verbindungslinien den oder
die Winkel bilden, die gemessen werden sollen, so groß, daß sie auch nicht
einmal mehr auf anschließenden Blättern topographischer Karten liegen,
so tritt von selbst an deren Stelle die geographische Karte als Unterlage der Messung bzw. Berechnung, da sie auch besser als jene eine Anschauung der gegenseitigen Lage bietet. Damit gestaltet sich auch das
Verfahren erheblich anders, denn nunmehr ist die Erdkrümmung zu berücksichtigen, die im Rahmen topographischer Blätter und ihrer unmittelbaren Nachbarsektionen unbeachtet bleiben kann[1]. Eine Messung mittels

---

1) Wann und in welchem Umfange sich die Krümmung der Oberfläche auf topographischen Karten sicht- und meßbar macht, zeigt die in Polyederprojektion ent-

des Transporteurs an den Verbindungslinien ist im allgemeinen nicht mehr angängig, weil es ebensowenig angängig ist, die Punkte einfach zu verbinden. Das ist selbst auf winkeltreuen Karten nur in besonderen Fällen zulässig, und es sei hier ausdrücklich auf die Definition der Winkeltreue hingewiesen, die Teil I S. 21/22 gegeben ist, wonach auch auf einer winkeltreuen Karte die nach weiter entfernten Punkten gezogenen Geraden andere Winkel miteinander einschließen, als die durch die Punkte des Urbildes gelegten größten Kugelkreise miteinander bilden.

Wie aus Teil I S. 141 u. ff. bekannt, bildet die winkeltreue Cylinder-(Merkator-) Projektion die Loxodromen, zu denen auch die Meridiane und Parallelkreise gehören, geradlinig ab; verbindet man auf dieser Karte zwei beliebige Punkte durch eine Gerade, so ist diese das Bild der Loxodrome, die alle Meridiane unter demselben Winkel (Kurswinkel) schneidet, welcher auf der Karte unverändert abgebildet wird und demnach mittels des Transporteurs gemessen werden kann.

Alle azimutalen Projektionen, zu denen auch sämtliche perspektivischen gehören, bilden diejenigen größten Kugelkreise geradlinig ab, welche durch den Hauptpunkt der Projektion gehen; gleichzeitig werden alle Winkel, die von durch den Hauptpunkt gehenden größten Kreisen eingeschlossen werden, unverändert abgebildet, woraus sich ergibt, daß auf azimutalen Karten Winkel, deren Scheitel Hauptpunkt, deren Schenkel größte Kreise sind, auch mittels Transporteurs auf der Karte gemessen werden können.

In diesen Sonderfällen ist die Möglichkeit, Horizontalwinkel auf einer geographischen Karte unmittelbar zu messen, erschöpft; an Stelle der Messung muß in allen anderen Fällen die Berechnung auf Grund der Karte entnommener Daten treten.

Auf der Kugeloberfläche sind die Schenkel eines gesuchten Winkels größte Kreise oder Teile derselben, und die Größe des von diesen gebildeten Winkels wird durch die Tangenten bestimmt, die im Schnittpunkt der größten Kreise an sie gezogen werden. Da die Lage des Scheitelpunktes des gesuchten Winkels und die Lage der beiden Punkte, deren Verbindung mit dem Scheitelpunkte durch größte Kreise die Schenkel bilden, bekannt sind, indem ihre geographischen Koordinaten entweder gegeben sind oder der Karte in der früher gekennzeichneten Weise (s. S. 81) entnommen werden, läuft die Aufgabe im wesentlichen darauf hinaus, die geographischen Koordinaten der beiden Schenkelpunkte in azimutale Koordinaten in bezug auf den Scheitelpunkt (Hauptpunkt) zu verwandeln, welche Aufgabe bereits an anderer Stelle behandelt ist (Teil I S. 8). Indem die Azimute der beiden

worfene topogr. Übersichtskarte von Mitteleuropa in 1:300000, bearb. von der preuß. Landesaufnahme. Das einem Polyedertrapez von 2 Grad Längen- und 1 Grad Breitenausdehnung entsprechende Kartenblatt entspricht 16 Blättern der Karte des Deutschen Reichs in 1:100000 und 120 Meßtischblättern. Infolge der räumlichen Ausdehnung und des kleineren Maßstabes macht sich die Krümmung dadurch geltend, daß die Parallelkreisbogenstücke nicht mehr wie bei den Blättern der Generalstabskarte und den Meßtischblättern als gerade Linien, die gleichzeitig Randlinien sind, abgebildet werden, sondern als schwach gekrümmte Bogen, so daß z. B. am 53ten Parallel die nördliche Randlinie von etwa 45 cm Länge die Sehne des Bogens ist, dessen Pfeilhöhe hier etwa 1,5 mm beträgt. Die südliche Randlinie schneidet, gleichfalls als Sehne, den Parallel ab, so daß er auf das südliche Anschlußblatt zu liegen kommt.

6*

Schenkelpunkte in bezug auf den Scheitelpunkt berechnet werden, ergibt ihre Differenz den gesuchten Richtungsunterschied. Will man den Winkel bezw. seine Schenkel in die Karte eintragen, so ist der Verlauf der größten Kreise oder Orthodromen nach der Teil I S. 10 angegebenen Weise in angemessenen Intervallen punktweise zu berechnen, die gefundenen geographischen Koordinaten sind im Gradnetze einzutragen und diese Punkte schließlich zu verbinden.

Bekanntlich besitzt die gnomonische oder Centralprojektion ($f(\delta) = \operatorname{tg} \delta$), welche sowohl azimutal als auch perspektivisch ist, die wertvolle Eigenschaft, alle größten Kreise als Geraden abzubilden. Besitzt man ein in dieser Projektion entworfenes Gradnetz nicht zu kleinen Maßstabes, das den Breiten entspricht, in denen sich die Winkelbestimmungen bewegen, so kann man die Berechnung des Verlaufs der größten Kreise ersparen, diese vielmehr, indem die 3 Punkte des Winkels nach ihren geographischen Koordinaten in das gnomonische Netz eingetragen werden, durch geradlinige Verbindung der Punkte erhalten und dann diese Linien unter Anwendung des verdichteten Gradnetzes wie beim Situationszeichnen in die eigentliche Karte übertragen. Für diese und auch manche anderen Aufgaben, die bequem auf graphischem Wege genügend genau gelöst werden können, empfiehlt es sich, einige Netze in Centralprojektion mit Hauptpunkten verschiedener Breiten zu entwerfen, um gegebenenfalls bequem und schnell den Verlauf von größten Kugelkreisen festzulegen. Im Maßstabe 1 : 20 Mill. z. B. hat ein Netz in dieser Projektion, entworfen auf die Breite $\varphi_0 = 30^\circ$, reichend vom Maßstabe bis zum 60° n. Br., am Äquator bei einer ostwestlichen Ausdehnung von 80° eine Länge von etwa 65 cm und in nordsüdlicher Richtung eine Höhe von etwa 10 cm, ist also noch handlich.[1] Das in 5-Gradfeldern berechnete und ausgezogene Gradnetz ist dann weiter verdichtet durch Gradlinien von je $\frac{1}{2}$ Grad Abstand (Halbgradfelder) und diese Maschendichte genügt bereits, um Orthodromen mit genügender Genauigkeit auch in Karten doppelt so großen Maßstabes einzutragen, wie andrerseits die Ausdehnung der Karte es ermöglicht, recht erhebliche Stücke größter Kreise zu ziehen. In den angegebenen Grenzen läßt sich eine Orthodrome z. B. von Colon nach Cherbourg, Portsmouth oder Liverpool ziehen.

Die Loxodrome und der Kurswinkel sind, soweit sie in geographischer Beziehung in Betracht kommen, auch bereits behandelt (Teil I S. 12). Auf nautische Aufgaben einzugehen, geht ebenso über die hier gesteckten Ziele hinaus, wie es der Fall sein würde, wenn die Aufgaben alle behandelt würden, welche sich an die Orthodrome und das sphärische Dreieck anknüpfen lassen.[2]

2. Bestimmung von Vertikalwinkeln. Aus der Art und Weise, wie die dritte Dimension auf der Karte dargestellt wird, ergibt sich, daß Vertikalwinkel auf der Karte nicht sichtbar, also auch nicht unmittelbar meßbar sind. Sie können nur auf Umwegen, mittelbar, ermittelt werden. Denn die Vertikalwinkel sind diejenigen Winkel, welche man erhält, wenn man sich die Erdoberfläche längs einer beliebigen Linie vertikal zerschnitten denkt; sie sind also nichts anderes als die Böschungs- oder Neigungswinkel der von der Niveaufläche abweichenden Oberfläche. Aus den bei Behandlung der Terraindarstellung gemachten Ausführungen ergibt sich, daß zur Bestimmung von Vertikalwinkeln vornehmlich topographische Karten, und

---

1) Vgl. Fig. 27 in Teil I S. 53.
2) Für diese Aufgaben sei verwiesen auf Hammer, Lehrb. der eben. u. sphär. Trigonometrie § 59.

am zweckmäßigsten Isohypsenkarten geeignet sind. Wie aus diesen die Böschungswinkel berechnet oder mit annähernder Genauigkeit mittels des sog. Böschungsmaßstabes für die einzelnen Höhenschichten bestimmt werden, ist bereits gezeigt worden (S. 46). Aus topographischen Karten ohne Isohypsen lassen sich Vertikalwinkel noch weniger genau bestimmen, wie auch die Konstruktion von Profilen, die eine bildliche Darstellung dieser Winkel bilden, aus solchen Karten nur eine rohe Annäherung an die Wirklichkeit erreicht, es sei denn, daß sie außergewöhnlich zahlreiche Höhenangaben in Zahlen enthalten. Auf geographischen Karten ist es schließlich ganz unmöglich, die Neigungswinkel, wie sie sich etwa im Zuge einer Profillinie ergeben, festzustellen, und man muß sich begnügen, aus solchen den mittleren Neigungswinkel für größere Strecken ermitteln zu können. Wie man aus einer Isohypsenkarte ohne Benutzung des Böschungsmaßstabes den Neigungswinkel zwischen zwei Isohypsen bestimmen kann, indem man den Vertikalabstand derselben durch ihren Horizontalabstand teilt (Funktion der Tangente), so verführt man auch in diesem Falle, indem man der Karte die Meereshöhen der zu vergleichenden Punkte entnimmt, deren Differenz bildet und diese durch die der. Karte ebenfalls entnommene Horizontalentfernung teilt. Man kann dabei für Höhe und Länge entweder die natürlichen Größen oder die auf den Kartenmaßstab reduzierten benutzen; in jedem Falle bezeichnet das Ergebnis nur einen rohen Näherungswert; anschaulicher aber, als der durch eine Zahl ausgedrückte Winkelwert ist jedenfalls das Profil, selbst wenn es auch nur auf ungefähren Maßen fußt.

Viertes Kapitel.

Längenmessungen.

1. **Messung der Entfernung zweier beliebigen Kartenpunkte.** Auch hier ist wie bei der Messung von Horizontalwinkeln ein Unterschied zu machen zwischen großen und kleinen Entfernungen. Auf den Blättern topographischer Karten können Linien beliebiger Richtung unmittelbar mit dem Zirkel oder durch Anlegen eines Maßstabslineals gemessen und daraus die wirklichen Entfernungen berechnet werden. Man kann auch ohne Bedenken unter Herstellung eines unmittelbaren Anschlusses der Nachbarblätter die Streckenmessung auf diese ausdehnen. Auch auf geographischen Karten kann man je nach dem Maßstabe kleinere Entfernungen auf diese einfache Weise messen. Eine scharfe Grenze läßt sich aber generell nicht ziehen, weil dabei zu viele Umstände mitsprechen, an erster Stelle der Maßstab, an zweiter die Projektion der Karte, an dritter der Zweck der Messung, der bald eine größere, bald eine geringere Schärfe erfordert, an vierter bisweilen auch die Lage der zu messenden Strecke im Gradnetz. Ist z. B. eine Karte in der azimutalen mittabstandstreuen Projektion von Postel (1, S. 34) entworfen, so können, da alle durch den Hauptpunkt gelegten größten Kreise sowohl geradlinig als auch längentreu abgebildet werden, mit diesen zusammenfallende Strecken beliebiger Länge direkt gemessen werden. Das-

selbe gilt von der einfachen mittabstandstreuen Kegelprojektion und den mittabstandstreuen Cylinderprojektionen (quadratische und rechteckige Plattkarte) für
Strecken, die in Meridianrichtung fallen, da hier die Meridiane längentreu abgebildet werden. Auf Cylinderprojektionen besitzt außerdem entweder der Äquator
die Eigenschaft der Längentreue oder je ein Parallelkreis nördlich und südlich von
ihm in gleichem Abstande. Da die erwähnten Gradnetzlinien neben der Längentreue noch die Eigenschaft der Geradlinigkeit besitzen, können also auf ihnen
Strecken mit Zirkel oder Maßstabslineal leicht gemessen werden. Im allgemeinen
ist aber die Eigenschaft der Längentreue, verbunden mit Geradlinigkeit, wie gezeigt, in so geringem Maße vorhanden, daß sie bei Längenmessungen auf geographischen Karten keine Rolle spielen kann. Auch ihr Vorhandensein auf gekrümmten Linien, bei Kegelprojektionen mit längentreuen Parallelkreisen, hat keine
große Bedeutung, da diese als Loxodromen nicht den kürzesten Weg zwischen zwei
Punkten desselben Parallels darstellen. Der kürzeste Weg zwischen zwei Punkten
der Oberfläche wird, wie bekannt, durch den durch die Punkte gelegten größten
Kreis dargestellt, durch die Orthodrome; im engen Bereich eines oder einiger
Blätter topographischer Karten fällt diese Linie praktisch mit der auf der Karte
gezogenen Verbindungslinie zusammen, auf der geographischen Karte weicht sie
je nach der Projektion und der Entfernung der Punkte von der Verbindungslinie
mehr oder weniger ab; das Maß der Abweichung läßt sich veranschaulichen durch
Einzeichnung der Orthodrome in die Karte, die, wie schon angedeutet, ohne Rechnung erfolgen kann, wenn man ein Netz mit entsprechender Breite in Centralprojektion zur Hand hat. Die Orthodrome wird sich allgemein als Kurve projizieren, ihre Ausmessung ergibt aber nicht die wirkliche Entfernung der Punkte,
weil auch sie nicht längentreu abgebildet wird, ihre Länge vielmehr von den Ver-
zerrungen der Kartenflächen abhängt, die sie durchläuft. Ihre Länge muß daher
durch Rechnung ermittelt werden, und wie diese erfolgt, ist bereits Teil I, S. 10 f.
gezeigt worden. Daneben kann natürlich die etwa eingezeichnete Kurve auch gemessen und das Ergebnis mit dem der Rechnung verglichen werden. Wie Kurven
auf der Karte gemessen werden, wird an anderer Stelle noch gezeigt werden.

Auch die Bestimmung der Länge einer Loxodrome oder eines Teiles derselben
ist bisweilen Gegenstand einer geographischen Aufgabe, z. B. wenn es sich darum
handelt, den Unterschied zu bestimmen, der besteht, wenn ein Schiff statt auf dem
größten Kreise zu segeln, dem loxodromischen Wege folgt. Wennschon die Loxodrome auf der Merkatorkarte als Gerade projiziert wird, ist es doch, wenn höhere
Breiten in Frage kommen, nicht angängig, die Linie auf der Karte zu messen; das
Ergebnis würde viel zu groß sein, auch die Übertragung in eine Karte anderer
Projektion ergibt eine Längentreue der Linie nicht. Es muß auch hier die Berechnung eintreten, die bereits (T. I, S. 13) behandelt ist.

Im übrigen empfiehlt es sich, auf geographischen Karten, auf denen man
zahlreiche Längenmessungen auszuführen beabsichtigt, zuvor einige Vergleiche
zwischen orthodromischen und loxodromischen Linien und Strecken anzustellen,
indem man mehrere Punktepaare verschiedenen Abstandes durch beide Linien verbindet, auch die verbindende Gerade einzeichnet, um daran zu ermessen, bis zu
welchem Punkte etwa man diese Linie statt jener ohne wesentliche Abweichung
gleichsetzen kann. Unter anderem ist es auch lehrreich, zu irgendeinem Parallelkreis in einer Kegel- oder Azimutalprojektion, der eine Loxodrome darstellt, von
einem Meridianschnittpunkt aus eine Orthodrome zu ziehen.

2. Messungen gekrümmter und gebrochener Linien. Die Situation
der topographischen und geographischen Karten enthält außer den Linien
des Gradnetzes, die teils geradlinig, teils gekrümmt sind, noch zahlreiche
andere Linien, die stellenweise geradlinig, stellenweise mehr oder weniger
gekrümmt, wieder anderswo gebrochen oder geknickt sind, so daß eine

Messung mittels Zirkels oder Lineals nicht mehr angängig ist. Durch diese Linien werden aber Objekte dargestellt, wie Wege aller Art, von Eisenbahn und Kunststraße bis zum Fußpfade hinab, Fluß- und Uferlinien u. a. m., deren Längsausdehnung ganz oder teilweise zu kennen in mehr wie einer Hinsicht von Bedeutung sein kann. Es ist also auch nötig, deren Länge möglichst genau zu ermitteln. Die Methoden dieser Messung sind verschieden und richten sich teils nach der Beschaffenheit der Linien, teils nach dem Maßstabe. Auf den topographischen Karten zeigen viele dieser Linien Strecken, die fast geradlinig sind, schwach verlaufende Krümmungen oder Knicke, so daß deren Messung noch ohne besondere Instrumente möglich ist. Man kann dazu mit Vorteil den Teilzirkel benutzen, der so eingerichtet ist, daß er auf beliebige Öffnungen mittels einer Schraube genau eingestellt und dauernd festgestellt werden kann.

Praktisch ist es, deren mehrere, mindestens 2, gleichzeitig zu verwenden. Um z. B. auf einem Meßtischblatt Messungen unregelmäßiger Linien auszuführen, wird man zunächst den ersten Zirkel an dem auf dem Blatte vorhandenen Kilometermaßstab auf 0,5 *km* einstellen und sich durch mehrfaches Abmessen des Maßstabes von der genauen Einstellung überzeugen; den zweiten Zirkel stellt man auf 300 oder 200 *m* ein, und verfügt man noch über einen dritten, so stellt man ihn auf 100 *m* ein. Nun mißt man in bekannter Weise, indem man den Zirkel wandern läßt, die Strecke mit Zirkel 1 so weit ab, als der Verlauf der Linie seine Benutzung zuläßt; kommt man an einen Bogen oder Knick, den Nr. 1 überschlagen müßte, indem er nur die Sehne, nicht den Bogen nehmen kann, so drückt man den Fuß sichtbar ins Papier und nimmt je nach der Stärke der Biegung Nr. 2 oder 3, mit denen man so lange fortgeht, bis die Linie wieder für Nr. 1 gangbar wird. Dies Verfahren liefert sehr gute Ergebnisse und ist keineswegs zeitraubend. Die Verwendung mehrerer Zirkel verbürgt eine zuverlässige, anhaltende Einstellung auf die bestimmte Größe, vermeidet jede Unterbrechung und ermöglicht sogar bisweilen recht scharfe Biegungen ohne Streckenverlust zu nehmen, weil oft genug dabei die Zirkelwendung mit dem Scheitel des Knickes zusammenfällt. Bei Karten kleineren Maßstabes werden die Zirkel entsprechend eingestellt. Bei dem Maßstabe 1 : 100000 wird man die Zirkel auf 1—0,5 und 0,25 *km* einstellen usw. Auf diese Weise lassen sich auf topographischen Karten Eisenbahnen, Chausseen und sonstige Wege mit einer Genauigkeit messen, daß das gefundene Ergebnis kaum von den amtlich festgestellten Maßen abweicht; in dieser Weise lassen sich auch nicht allzustark gekrümmte Flußläufe messen, also besonders die Strecken der Ströme und größeren Nebenflüsse, für deren Messung es ratsam ist, vorher in der Mitte der Stromrinne, wenn deren Breite es bereits erfordert, dem Zirkel den Weg vorzuzeichnen. Etwas schwierig ist es, dabei mitzuzählen, daher empfiehlt es sich, die Zirkelspitze etwas ins Papier zu drücken, nach Beendigung der Messung die Zirkelmarken fein mit Bleistift zu markieren und nunmehr abzuzählen, bzw. auch die Teilabstände in Bleistift beizuschreiben.

Mit dem Teilzirkel lassen sich auch regelmäßig gekrümmte Linien, wie die des Gradnetzes, die Orthodrome und Loxodrome usw. genau messen, wenn man die Zirkelöffnung so einstellt, daß sie, die als Sehne zu betrachten ist, von dem zugehörigen Bogen möglichst wenig abweicht.

Mit abnehmendem Maßstabe nimmt die Zahl der Objekte, die auf diese Weise gemessen werden können, erheblich ab, und an Stelle des Teilzirkels treten besondere Instrumente, Kurvimeter, auch Kartometer genannt, die daraufhin konstruiert sind, auch kleinere Biegungen und schärfere Knicke,

als sie der Teilzirkel bewältigen kann, noch leidlich genau zu messen. Die
Zahl dieser Instrumente ist ziemlich groß, ein Zeichen, daß keines die An-
sprüche, die man an sie stellt, recht befriedigt.[1])

Die Mehrzahl dieser Instrumente beruht auf der Ausführung des nahe liegenden Gedankens, die unregelmäßige Linie durch die Umdrehungen eines Rädchens
zu messen, dessen Umkreis bekannt ist, und dessen Umdrehungen entweder vom
Messenden gezählt oder selbsttätig registriert werden. Die Unzulänglichkeit dieser
Instrumente besteht darin, daß sie an Krümmungen versagen, deren Halbmesser
nicht größer ist, als der des Meßrädchens; je kleiner dieser aber wird, desto
schwieriger ist die exakte Ausführung und Bestimmung der Umkreislänge. Eine
zweite Gruppe dieser Instrumente benutzt aus diesem Grunde nicht ein Rädchen
zur Rektifizierung der gekrümmten Linien, sondern einen Fahrstift, der entweder

Fig. 11. Kartometer von Fleischhauer (Tesdorpf-Stuttgart).

freischwebend dicht über der Linie oder auf ihr stehend an ihr entlang geführt
wird. Durch die Bewegung des Fahrstiftes auf der Linie werden Räder in Bewegung gesetzt, deren Umläufe der vom Stifte zurückgelegten Strecke entsprechen
und deren Zahl an Registriervorrichtungen abgelesen werden kann. Ein derartiges
Instrument ist z. B. der von Fleischhauer konstruierte Linienmesser, der mit
einer ungeraden Anzahl (3, 5, 7) Rädern bzw. Rollenpaaren arbeitet, die je nach
ehrer Stellung zur Linie bald stillstehen, bald langsamer, bald schneller laufen, so
saß sich der zurückgelegte Weg aus der Summe aller Radumdrehungen zusammen-
letzt. Ein anderes brauchbares Instrument ist Ule's Polarkurvimeter, das in der
Konstruktion Ähnlichkeit mit dem sog. Storchschnabel hat. Die Führung
erfolgt hier mittels eines über dem Laufrädchen befindlichen Steuers, dessen Griff
parallel zur Pfeilplatte des eigentlichen Fahrstiftes steht; die Führung muß so erfolgen, daß der Fahrstift stets auf der Linie, und seine Platte oder Schild tan-
gential zur Krümmung steht. Das Laufrädchen legt infolge der Konstruktion die
doppelte Strecke der durchlaufenen Linie zurück, die mit ihm verbundenen Regi-
strierräder sind aber so beziffert, daß die vom Fahrstift durchmessene Strecke
direkt abgelesen werden kann. Noch andere Instrumente zu nennen und zu beschreiben, würde bei der großen Zahl zu weit führen.

Für die Benutzung derselben, denen durchweg noch eine besondere Gebrauchsanweisung beigefügt ist, ist noch einiges zu bemerken. Trotz aller Präzision, mit
der die Feinmechanik arbeitet, wird es doch nie gelingen, die hier benutzten
Rädchen so exakt herzustellen, daß sie absolut genau einen Durchmesser besitzen,
aus dem haarscharf eine Peripherie und damit ein Umlauf auf der Karte in ganzen
Millimetern sich ergibt; fernerhin lassen auch die Registriervorrichtungen eine ab-

---

1) Vgl. dazu die Berichte über Kartometrie von Hammer und Haack im Geogr.
Jahrbuch.

solut genaue Ablesung nicht zu; schon hier wird mit Näherungswerten operiert, so daß im Instrumente selbst schon eine **Fehlerquelle** vorhanden ist; dieselbe wird einigermaßen durch die sogenannte **Konstante** behoben, die entweder bereits in der mechanischen Werkstätte ermittelt worden ist oder vom Messenden ermittelt werden muß, im ersten Falle auch im Interesse zuverlässiger Messungsergebnisse von ihm nachgeprüft werden soll. So beträgt z. B. die Konstante eines im Besitze des Verf. befindlichen dreirolligen Kartometers von Fleischhauer für Messungen in *cm* 7,74, womit die Summe der Ablesungen zu multiplizieren ist, und die eines Polarkurvimeters von Ule 0,9975. Die Ermittelung oder Prüfung dieser Konstanten ist ein einfaches Verfahren, das zugleich eine Übung in der Handhabung dieser Instrumente ist, von der der Genauigkeitsgrad ohnehin in hohem Maße abhängt. Für diese Aufgabe zieht man auf einem gut und glatt aufliegenden Bogen zuerst eine Gerade, auf der man etwa 30 bis 50 *cm* genau aufträgt; ferner konstruiert man eine gebrochene Linie, die man aus genau gemessenen geradlinigen Teilen von etwa 5 *mm* bis 20 oder 30 *mm* unter beliebigen spitzen, aber auch stumpfen Winkeln aneinanderstoßen läßt, und deren Gesamtlänge festgestellt wird. Endlich zeichnet man auf einer Linie eine Anzahl Kreise von genau abgesetzten Halbmessern, auch etwa von 5 *mm* aufwärts fortschreitend in beliebiger Folge nebeneinander, daß jeder seine Nachbarn berührt; aus den bekannten Halbmessern berechnet man die Umfänge und daraus die Summe sämtlicher Umfänge bzw. auch deren Hälfte abgerundet auf Millimeter. Nun wird zuerst die Gerade, dann die gebrochene Linie, weiter werden die Halbkreise auf der einen Seite, dann die auf der anderen Seite, dann wieder die Halbkreise mit wechselndem Übergange von der einen auf die andere Seite, endlich auch die Vollkreise im Zusammenhange gemessen, und zwar wiederholt unter Wechsel des Ausgangspunktes und der Stellung des Instrumentes zu den Linien, wo solches angängig ist, wie z. B. bei den genannten Instrumenten. Auf diese Weise wird Übung erworben, und die Ergebnisse können gut kontrolliert werden, weil das „Soll" schon bekannt ist. Die Ergebnisse werden jedesmal notiert, auf Millimeter abgerundet, was durchweg genügt, unter sich und mit den Sollwerten verglichen; wenn sie endlich nach genügender Übung nur noch wenig unter sich abweichen, wird der Durchschnitt ermittelt und aus ihm und dem Sollwert die Konstante bestimmt, durch die bei weiteren Messungen die Ergebnisse berichtigt werden müssen, damit wenigstens in den möglichen Grenzen eine Bürgschaft für den Wert der ermittelten Längen gegeben ist.

Auch bei genauester Prüfung des Instrumentes und sorgfältigster Messung werden die Ergebnisse Näherungswerte sein, die in der Regel, nicht immer, kleiner sind als die wirklichen, wie aus den Probeversuchen an der Länge nach bekannten Linien geschlossen werden kann. Die Unsicherheit der Ergebnisse nimmt aber mit abnehmendem Kartenmaßstabe bedeutend zu, wie Messungen zeigen, die an denselben Objekten, z. B. Flüssen, auf Karten verschiedenen Maßstabes vorgenommen werden. Dazu trägt vor allem die mit abnehmendem Maßstabe immer stärker werdende **Generalisierung** bei, die gerade bei unregelmäßigen Linien auf eine unmittelbare **Verkürzung** auslaufen muß. Vielmehr hierin, als in der Unfähigkeit der Instrumente, starke Knicke und scharfe Biegungen genügend scharf zu nehmen, ist die Quelle der Unsicherheit solcher Längenmessungen zu suchen. Auf topographischen Karten genügen sie allen billigen Anforderungen, du aber solche nur von räumlich sehr beschränkten Teilen der Erdoberfläche vorhanden sind, bleibt nichts anderes übrig, als auch auf geographischen Karten solche Messungen auszuführen, um wenigstens z. B. von Strömen außereuropäischer Erdteile eine rohe Längenangabe zu erhalten.

Aus diesen Ausführungen ergibt sich bereits, daß man bei solchen Messungen auf geographischen Karten die aus dem Projektionsgesetze sich ergebenden Längenänderungen an den einzelnen Stellen des Gradnetzes ganz unberücksichtigt lassen kann, da die durch Instrument, Handhabung und vor allem durch die Generalisierung entstehenden Unsicherheiten die durch den wechselnden Linearmodul bewirkten Änderungen bedeutend übersteigen. Auf topographischen Karten spielt letzterer überhaupt keine für praktische Fragen wichtige Rolle, und wenn die Länge regelmäßiger Linien, wie die von Orthodromen und Loxodromen durch Rechnung bestimmt wird, scheidet dieser Faktor auch für geographische Karten gleichfalls aus.

Fünftes Kapitel.

Flächenmessungen.

I. Messungen ohne instrumentelle Hilfsmittel. Das Netz der Meridiane und Parallelkreise zerlegt die Erdoberfläche in eine Anzahl von Maschen oder Gradfelder, die am Äquator nahezu sphärische Quadrate, an den Polen sphärische Dreiecke, sonst aber sphärische Paralleltrapeze sind. Die Flächeninhalte dieser Maschen sind in verschiedener Ausdehnung schon seit längerem genau berechnet und liegen in Tabellenform vor; unter anderem dienen sie auch als Prüfungsmittel für sonstige Flächenberechnungen, können aber auch unmittelbar dazu benutzt werden. Die Berechnung der Flächeninhalte ist erfolgt für Zehngradfelder (d. h. für ein Gradfeld von je 10^0 Seitenlänge), für Fünfgradfelder, Zweigrad- und Eingradfelder, ist aber noch weiter ausgedehnt, so daß in Steinhausers Tafeln die Untereinteilung bis auf Sechstelgradfelder (je 10 Minuten Seitenlänge) hinabgeht. Da die Gradfelder ein und derselben Kugelzone einander gleich sind, genügt die Kenntnis des Flächeninhaltes eines Gradfeldes für die ganze Zone.[1]) Die in Polyederprojektion entworfenen topographischen Karten setzen sich aus Blättern zusammen, deren jedes einem Gradfelde von bestimmter Größe entspricht. Ist der Flächeninhalt eines solchen Blattes aus jeder Zone bekannt, so läßt sich durch Addition bzw. Multiplikation der Flächeninhalt ganzer Gebiete, die durch ganze Blätter dargestellt werden, einfach ermitteln. Man könnte so z. B. den Flächeninhalt des Deutschen Reiches bis auf die Flächenteile bestimmen, die auf den Grenzblättern befindlich, nicht mehr die Blätter ganz ausfüllen, und es bliebe nur übrig, diese Teilflächen auf andere Weise zu bestimmen.

1. Messungen mit Hilfe der Gradnetzmaschen. Verdichtet man auf einer geographischen Karte dem Maßstabe angemessen das vorhandene Gradnetz in der Weise, daß die neugebildeten Maschen den berechneten Feldern einer vorliegenden Tabelle entsprechen, also je nachdem auf Zehn-, Fünf-, Eingrad-, Halbgrad-, Sechstelgradfelder, so läßt sich mit Hilfe dieses Netzes auf der Karte jede beliebige Fläche inhaltlich ziemlich genau bestimmen. Das Verfahren besteht darin, daß man zonenweise die Zahl der kleinen Felder auszählt, die ganz in die auszumessende Fläche fallen,

---

1) Wenn schon die Arealzahlen aus den Dimensionen des Erdsphäroids berechnet sind, können sie trotzdem auch für Karten benutzt werden, bei deren Entwurf die sphäroidische Gestalt bzw. Abplattung nicht berücksichtigt ist, zumal wenn die berechneten Arealzahlen den Maßstäben geogr. Karten entsprechend von vornherein sachgemäß abgerundet werden. Darüber s. w. u.

sie addiert und die Summe mit dem für die Masche berechneten Flächenwerte der Tabelle multipliziert, um gleich die Fläche in Quadratkilometern
zu erhalten. Die so für jede Zone ermittelten Werte werden alsdann addiert. Die von den Grenzlinien durchschnittenen Felder werden nach
Augenmaß geschätzt; da die Maschen auf geographischen Karten kaum
mehr als 4 bis 6 mm Seitenlänge haben, ist es nicht schwer, abzuschätzen,
ob die Grenzlinie die Masche etwa halbiert, ob sie ein Drittel, oder
ein Viertel, oder einen noch kleineren Bruchteil der zu messenden Fläche
zuweist oder wegnimmt. Die so geschätzten Teilflächen werden ihrer Zone
zugewiesen, entsprechend auf Quadratkilometer umgerechnet und zugezählt,
und die Gesamtsumme ergibt den Flächeninhalt. Diese einfache Methode
ergibt bei sorgfältiger Ausführung des Maschennetzes, guter Zählung und
Schätzung Ergebnisse, die für geographische Zwecke durchaus brauchbar
sind. Eine eigentlich selbstverständliche Voraussetzung ist, daß die Karte
hinsichtlich der Grenzlinienzeichnung zuverlässig ist, welche Voraussetzung
aber auch für alle anderen Messungsmethoden zu machen ist.

Es ist ohne weiteres ersichtlich, daß bei dieser Methode jede Karte,
mag sie flächentreu sein oder nicht, benutzt werden kann, sogar die
Merkatorkarten und solche in Centralprojektion, die bekanntlich die Flächen
gewaltig vergrößern. Denn hier handelt es sich nicht um den Flächeninhalt der Netzmaschen auf der Karte, sondern um ihre Anzahl innerhalb jeder Zone, und wenn auf der Merkatorkarte die Verdichtung des
Netzes nach dem Gesetze der Projektion ausgeführt wird, steht jede Masche
dieser Karte der entsprechenden einer flächentreuen völlig gleich. Lediglich
die Abschätzung der von der Grenzlinie geschnittenen Maschen wird unter
Umständen weniger sicher erfolgen. Ebenso ist bei dieser Methode auch
der Maßstab völlig gleichgültig, was auch nicht weiter bewiesen werden
braucht. Eine Vereinfachung ergibt sich bei dieser Methode in dem Falle,
wenn in die auszumessende Fläche ganze Felder von dem Umfange des auf
der Karte von vornherein vorhandenen Gradnetzes fallen. Dann kann man
sich darauf beschränken, nur die von der Grenzlinie durchschnittenen Felder
zu verdichten und auch hierbei noch Abstufungen vornehmen, dahin gehend,
daß die kleinsten Maschen unmittelbar auf die Grenzen fallen. Dementsprechend müssen dann auch die Werte der Tabelle eingesetzt werden.

2. Messungen mit Hilfe von Quadratnetzen. Äußerlich ähnlich diesem
Verfahren ist die Anwendung eines quadratischen Maschennetzes; in dem
verdichteten Gradnetze besitzt — gleiche Unterteilung vorausgesetzt —
jede Masche, ohne Rücksicht auf Projektion und Maßstab der Karte, demnach also auch ohne Rücksicht auf die Kartengröße einen bestimmten unveränderlichen Flächenwert, so daß in diesem Verfahren nicht die
Kartenfläche, sondern unmittelbar die Erdoberfläche gemessen wird.
Verwendet man nun statt des Gradmaschennetzes ein Netz, dessen Maschen
gleich große Quadrate von etwa 1, 2 oder 3 mm Seitenlänge sind, so läßt
sich dieses in gleicher Weise zur Flächenermittelung benutzen; nur besitzen
diese Maschen nicht wie die des Gradnetzes einen bestimmten, unveränder-

lichen, auf die Erdoberfläche bezogenen Flächenwert, sondern nur einen auf die Kartenfläche bezogenen, indem sie Kartenflächen in Quadratmillimetern bestimmen; daraus folgt, daß eine Quadratmillimetermasche auf verschiedenen Karten verschiedene Flächenwerte darstellt, d. h., daß ihr Wert vom Maßstabe abhängt; es ergibt sich aber auch weiter, daß das Quadratnetz nur auf Karten benutzt werden kann, die überall ihre Flächenteile proportional gleich zur wirklichen Oberfläche abbilden, d. h. nur auf flächentreuen Karten. Seine Anwendung vollzieht sich daher nur unter der Beziehung auf einen bestimmten Maßstab und unter Beschränkung auf flächentreue Projektionen, wogegen es gleichgültig ist, in welcher besonderen flächentreuen Projektion die zu messende Karte entworfen ist.

Zwecks Messung kann man die Karte entweder selbst mit dem Quadratnetz überziehen oder man fertigt ein solches auf Pauspapier an; für kleinere Flächen kann man auch Glastafeln benutzen, auf denen solche fein eingeätzt sind.[1]) Neuerdings werden solche Tafeln auch aus Zelluloid verfertigt, welche die gleichen Dienste leisten, auch gewöhnlich in größeren Formaten zu haben sind. Nachdem die Karte mit dem Quadratnetz überzogen oder die Pause bzw. Tafel auf die zu messende Fläche gelegt ist, werden die ganzen in sie fallenden Maschen ausgezählt, die von den Grenzlinien geschnittenen geschätzt, deren Gesamtsumme der der ganzen Maschen hinzugefügt, und die gefundene Zahl, die Quadratmillimeter darstellt, dem Maßstabe entsprechend auf wirkliches Flächenmaß umgerechnet. Für eine Anzahl gebräuchlicher Kartenmaßstäbe sind die Flächenwerte für 1 qmm der Tabelle, S. 12, zu entnehmen, die Berechnung für andere ist eine recht einfache Operation.

Die Anwendung des Quadratnetzes ist bei flächentreuen Karten aller Maßstäbe angängig, natürlich mit vom Maßstabe abhängigen Genauigkeitsgrade, es können damit Flächen sowohl auf topographischen, als auch auf geographischen Karten gemessen werden.

Wenn man auf topographischen Blättern (in Polyederprojektion) in größeren Maßstäben, z. B. auf Meßtischblättern, das Gradnetz durch Zwischenlinien von 5″ Intervall, auf der Generalstabskarte durch solche von 20″ Intervall verdichtet, erhält man Maschen von etwa 4×6 mm Seitenlängen, die theoretisch betrachtet, Trapeze sind, in Wirklichkeit aber sich nicht vom Rechteck unterscheiden; bei solchen Maßstäben fallen beide Methoden, die der Gradnetzmaschen und die des Quadratnetzes, insoweit fast zusammen, als an Stelle des Quadratnetzes ein Rechtecknetz tritt, das also auch, wenn seine Seiten genau gemessen werden, zu Flächenbestimmung dienen kann.

3. Berechnung regelmäßiger Figuren. Die Messung mittels Maschen kommt vornehmlich in Betracht, wenn es sich um Flächen handelt, die von unregelmäßigen Linien, von Küstenlinien, Flüssen, Wasserscheiden, politischen Grenzen usw. begrenzt werden, in deren Ausmessung tatsächlich die messende Arbeit des Geographen die wichtigste Aufgabe finden dürfte.

---

1) Die Universalglastafel (nach Heptner) läßt sich neben vielseitiger anderer Verwertung auch als Quadratglastafel zu Messungen benutzen, besonders in Verbindung eines dafür konstruierten Glasläufers mit Nonius und des Rechenschiebers, wodurch ein sog. Harfenplanimeter entsteht. Preis 28 M. Eine einfache Glastafel, 5×5 cm mit Quadratmillimeter-Teilung, kostet 5 M., eine Platte aus durchsichtigem Zelluloid, 10×10 cm, 2 M.

Gelegentlich tritt ihm auch die Aufgabe entgegen, Flächen zu messen, die von regelmäßigen Linien begrenzt sind, sich also, wenn sie nicht bereits die Form eines Rechtecks, Quadrats oder Dreiecks haben, durch Ziehen von Diagonalen jedenfalls in Dreiecke zerlegen lassen. So lange sich die Aufgabe im Rahmen eines oder einiger zusammenhängenden, topographischen Blätter behandeln läßt, wird sie in der Weise gelöst, daß die Dreiecksseiten in bekannter Weise (s. S. 85) gemessen und aus ihnen der Inhalt planimetrisch oder trigonometrisch bestimmt wird. Liegen dagegen die Punkte, deren Verbindung die Grenzlinien bilden, soweit voneinander entfernt, daß die Fläche nicht mehr als eben, sondern als sphärisch betrachtet werden muß, so läuft die Aufgabe darauf hinaus, den Flächeninhalt eines oder mehrerer sphärischen Dreiecke zu bestimmen. Sind $\lambda_1\varphi_1$, $\lambda_2\varphi_2$, $\lambda_3\varphi_3$ die geographischen Koordinaten von 3 Punkten, die entweder bereits bekannt oder nach bekannter Weise (s. S. 81) der Karte entnommen werden, so wird zunächst ihre sphärische Entfernung berechnet (s. S. I, 8). Der Flächeninhalt F eines sphärischen Dreiecks verhält sich zur Oberfläche O der Kugel, wie sein Exzeß ε^0, d. h. der Überschuß seiner Winkelsumme über 180° zu 720°.[1]) Man kann nun den Exzeß ε dadurch erhalten, daß man aus den berechneten Seiten auch die Winkel berechnet, kann diesen Umweg aber durch Benutzung der l'Huilierschen Gleichung vermeiden, die, wenn ε der Exzeß, a, b und c die Seiten, s die halbe Summe derselben ist, lautet:

$$\operatorname{tg}\frac{\varepsilon}{4}=\sqrt{\operatorname{tg}\frac{s}{2}\operatorname{tg}\frac{s-a}{2}\operatorname{tg}\frac{s-b}{2}\operatorname{tg}\frac{s-c}{2}}\,.$$

Nachdem hieraus ε (in Graden, Minuten, Sekunden) ermittelt und durch 720 (in Graden, Minuten, Sekunden) dividiert worden ist, was stets einen echten Bruch ergeben muß, multipliziert man mit diesem den Wert der Erdoberfläche von rund 510 Mill. qkm (etwas genauer 509950700 qkm) und erhält den gesuchten Flächeninhalt des sphärischen Dreiecks.

Beispiel: Wie groß in Quadratkilometer ist der Flächeninhalt F des sphärischen Dreiecks, dessen Endpunkte Bordeaux, Hamburg und Warschau sind?

Bordeaux λ_1 ö. Gr. $= 359° 28' 39''$ | $\varphi_1 = 44° 50' 7''$
Hamburg λ_2 „ „ $= 9° 58' 26''$ | $\varphi_2 = 53° 33' 7''$
Warschau λ_3 „ „ $= 21° 1' 51''$ | $\varphi_3 = 52° 13' 5''$.

Nach dem Cosinus-Satz des sphärischen Dreiecks (Teil I, S. 9) ergeben sich die sphärischen Entfernungen δ zwischen den genannten Punkten oder die Großkreisbogen:

Bordeaux-Hamburg $\delta_1 = 11° 0' 5'' = a$
Bordeaux-Warschau $\delta_2 = 15° 59' 12'' = b$
Hamburg-Warschau $\delta_3 = 6° 47' 48'' = c$.

---

1) Schreibt man diesen Satz: $\dfrac{F}{O} = \dfrac{\varepsilon^0}{720^0}$, in der Form: $\dfrac{F}{4r^2\pi} = \dfrac{\operatorname{arc}\varepsilon}{4\pi}$, also $\dfrac{F}{r^2} = \operatorname{arc}\varepsilon$, so ergibt sich für die numerische Berechnung die bequemere Form $F = r^2\operatorname{arc}\varepsilon$.

Es ist

$$a + b + c = 2s = 33^0\ 47'\ 5'' \qquad\qquad \frac{s-a}{2} = 2^0\ 56'\ 43'',$$

$$\frac{a+b+c}{2} = s = 16^0\ 53'\ 32'' \qquad\qquad \frac{s-b}{2} = 0^0\ 27'\ 10'',$$

$$\frac{s}{2} = 8^0\ 26'\ 46'' \qquad\qquad \frac{s-c}{2} = 5^0\ 2'\ 52'',$$

Daraus ergibt sich

$$\frac{t}{4} = 0^0\ 7'\ 56'', \quad t = 0^0\ 31'\ 44'' = 1904''$$

somit

$$F = \frac{1904''}{720 \cdot 60 \cdot 60''} = \frac{1904}{2\,592\,000} = 0{,}000\,7346\ \text{der Oberfläche der Erde,}$$

also

$$0{,}000\,7346 \cdot 510\,000\,000 = 374\,630\ qkm$$

oder

$$F = r^3\,\text{arc}\ t = 6370^2 \cdot 0{,}009\,231 = 374\,560\ qkm.$$

Auf einer flächentreuen Karte von Europa 1 : 15 M. wurden die genannten Punkte geradlinig verbunden und das Dreieck mittels Planimetermessung auf 389 250 *qkm* bestimmt; auf einem Netzentwurfe in 1 : 10 M. wurden die 3 Punkte und auch die sie verbindenden Großkreisbogen eingetragen; die planimetrische Ausmessung ergab 375 500 *qkm*.

II. Messungen unter Anwendung instrumenteller Hilfsmittel. Vornehmlich dem Bedürfnis der Feldmeßkunst, aus den aufgenommenen Plänen, Flur- und Forstkarten beliebige Flächen inhaltlich genau zu bestimmen, verdankt man die Erfindung verschiedener Instrumente zur mechanischen Ausführung von Flächenmessungen, die allgemein Planimeter genannt werden, und die ebenso gut wie vom Landmesser oder Geometer auch vom Geographen zu Flächenbestimmungen benutzt werden können.

1. **Das Harfenplanimeter.** Wohl das älteste und einfachste Instrument ist das Faden- oder Harfenplanimeter, das im Grunde mit der Verwendung von Quadrat- oder Rechtecksmaschen übereinstimmt, so daß die Verschiedenheit nur in der Methode beruht. Der Gedanke, der ihm zugrunde liegt, ist dieser: Überzieht man eine unregelmäßig begrenzte Fläche mit parallelen Linien in gleichmäßigem, aber kleinem Abstande (2 bis 4 *mm* etwa) so entstehen eine Anzahl von Paralleltrapezen, da man bei dem geringen Abstande der Parallelen die zwischen ihnen gelegenen Teilstücke der Grenzlinien unbedenklich als geradlinig betrachten kann. Der Inhalt eines Paralleltrapezes ist gleich dem Produkte aus der Mittellinie (gleich der halben Summe der parallelen Seiten) und der Höhe. Die Höhe ist hier bei allen Paralleltrapezen konstant. Man hat also nur die Mittellinien zu messen, sie zu summieren und mit dem konstanten Abstande der Parallellinien zu multiplizieren, um den Flächeninhalt zu finden. Das Instrument besteht aus einem quadratischen Rahmen, der bisweilen mittels Scharnieren zum Rhombus gemacht werden kann, um den Abstand der

Fäden nach Bedürfnis zu verringern, die in paralleler Richtung in den Rahmen eingespannt sind, aus Seide oder Messing bestehen und beim Auflegen auf der Karte dicht aufliegen. Zu dem Instrumente gehört ein Addierzirkel, der ähnlich wie der Teilzirkel an einer Spindel eingestellt wird und ein Registrierrad besitzt, das die Zahl der bei einer Messung stattgefundenen Maximalöffnungen des Zirkels registriert. Diese Maximalöffnung oder -spannung wird vor der Messung in Millimetern bestimmt, so daß am Schlusse die Gesamtsumme der in einem Zuge abgemessenen Mittellinien leicht ermittelt werden kann.[1]) Der Zirkel ist aber auch entbehrlich, da man die Mittellinien, deren Lage nach Augenmaß schon leicht bestimmbar ist, mit einem Maßstabslineal ebensogut messen kann. Die Summe derselben ist sodann, wie schon bemerkt, mit dem konstanten Abstande der Parallellinien zu multiplizieren. Man kann das dem Harfenplanimeter zugrunde liegende Prinzip natürlich auch direkt auf der Karte anwenden, also ohne Instrument arbeiten, indem man die zu messende Fläche mit Parallelen überzieht, und dann genau so wie angedeutet die Mittellinien ausmißt.[2]) Das Instrument und das ihm zugrunde liegende Verfahren, d. h. die Verwendung von Paralleltrapezen mit geringer Höhe liefert durchweg so gute Ergebnisse, daß es für geographische Zwecke als durchaus genügend bezeichnet werden kann. Insbesondere lange und schmale Figuren lassen sich mit ihm wohl besser als mit dem Polarplanimeter bestimmen, so daß es, falls Kugelplanimeter fehlen, neben jenem als billiges Aushilfsmittel dienen kann.

2. Das (Polar- und Kugel)-Planimeter. Unter den anderen Flächenmeßinstrumenten, deren es noch zahlreiche gibt, stehen an erster Stelle die Polar- und Kugelplanimeter (freischwebende und Rollplanimeter), die in größter Präzision besonders von G. Coradi-Zürich hergestellt werden.

Da diesen Instrumenten, die sich in der Konstruktion vielfach voneinander unterscheiden, stets eine Gebrauchsanweisung beigegeben wird, die auch eine kurze Darlegung der Theorie enthält[3]), über diese auch eine ausführliche reiche Literatur vorhanden ist, so wird von einem näheren abgesehen, zumal die Verwertung der Instrumente für geographische Aufgaben hier im Vordergrund steht. Allen hierhin gehörigen Planimetern liegt der Gedanke zugrunde, daß ein an einem beweglichen Fahrarm angebrachter Fahrstift die Umrißlinie einer geschlossenen Figur umfährt, wodurch eine Rolle in Bewegung gesetzt wird, die je nach ihrer Stellung zum beweglichen Fahrarm sich vorwärts, auch rückwärts dreht, bisweilen aber ohne Eigenbewegung auf ihrer Unterlage gleitet oder schleift, aber alle Bewegungen derart vollzieht, daß ihre Umdrehungen dem Flächeninhalt der

---

1) Vgl. auch Baule, Lehrb. der Vermessungskunde, 1. Aufl., S. 370.

2) Will man die Karten schonen, ohne das oben beschriebene Instrument zu verwenden, so kann man die Linien auch auf Pauspapier zeichnen und letzteres auf die Karte legen. Es gibt auch solche einfach auf Pauspapier gedruckte Harfenplanimeter für verschiedene Maßstäbe, Preis ca. 0,15 M. Dazu gehörige Zirkel kosten je nach Ausführung 5—15 M.

3) Z. B. Coradi, Die Kugelplanimeter, Zürich 1900 und Praktische Anleitung zum Gebrauch und Prüfung des einfachen Polarplanimeters, ebenda, beide von Coradi zu beziehen.

umfahrenen Fläche proportional sind. Der wichtigste Teil dieser Planimeter ist die Meßrolle, deren Umdrehungen das Ergebnis liefern. Sie steht mit einem Zählrad in Verbindung, das jede volle Rollenumdrehung registriert. Die Rolle selbst trägt auf weißem Zelluloid eine Teilung in 100 Teilen (Strichen) und ein feststehender Nonius gibt noch Zehntel dieser Teile, die sogenannten Noniuseinheiten an, so daß also neben den vollen Rollenumdrehungen auch noch Teile einer unvollendeten bis auf Tausendstel abgelesen werden können. Eine ganze Rollenumdrehung ergibt somit 1000 Noniuseinheiten. Meistens besitzen die Planimeter einen verstellbaren Fahrstab, der verschiedenen, gebräuchlichen Maßstäben angepaßt werden kann; eine beigegebene Tabelle gibt die Länge für den Fahrarm an, der in diesem Falle eine Einteilung in halbe Millimeter trägt und zur genauen Einstellung auf Bruchteile gleichfalls mit einem Nonius und Mikrometerschraube versehen ist. Indes ist es — wenigstens Ungeübten — zu empfehlen, solche Fahrstabeinstellungen bei Messungen auf Karten verschiedener Maßstäbe nicht vorzunehmen, sondern den Fahrstab auf der gebräuchlichsten Einstellung 1 : 1000 dauernd zu belassen, auch wenn sich daraus bisweilen kleine Umrechnungen der Ablesungszahlen ergeben. Jeder Fahrstablänge entspricht ein bestimmter Flächenwert der Noniuseinheit, ausgedrückt in qmm. Die beigegebene Gebrauchsanweisung

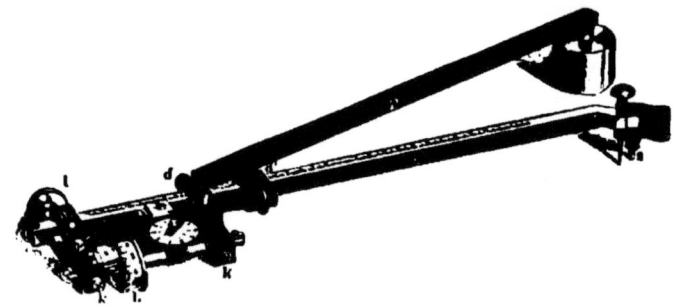

Fig. 12. Kompensations-Polarplanimeter von G. Coradi-Zürich. h = Pol, P = Polarm, A = Fahrarm, f = Fahrstift, L = Meßrolle.

enthält in einer Tabelle die Werte der Noniuseinheiten für die einzelnen Maßstäbe bzw. Fahrstablängen.

Bevor man das Instrument zu Messungen auf Karten verwendet, ist es angebracht, sowohl zur Übung, als auch um das Instrument selbst, die Art seiner Handhabung, die Ablesung und auch die Leistungsfähigkeit kennen zu lernen, Messungen an geometrischen Figuren, deren Flächeninhalt (in qmm) genau bekannt ist, vorzunehmen. Diesem Zwecke dient zunächst das beigegebene Kontrollineal, mit dem der Fahrstab des Planimeters Kreise von 1 bis 8 oder 10 cm Halbmesser beschreiben kann, deren Inhalt in der beigegebenen Tabelle angegeben ist, aber auch leicht berechnet werden kann. Sodann zeichne man sorgfältig andere Kreise mit genau abgesetztem und gemessenem Halbmesser, desgleichen Dreiecke, Quadrate, Rechtecke, deren Flächen man geometrisch bestimme und messe sie aus; weiterhin können auch auf Karten Gradnetzmaschen gemessen werden. Der Vergleich des durch Messung gefundenen „Istinhaltes" mit dem rechnerisch oder geometrisch bestimmten „Sollinhalt" gibt Auskunft sowohl über die Leistungen des Instrumentes als auch die Fertigkeit des Messenden, zumal wenn die Messungen wiederholt werden mit Vorwärts- und Rückwärtsumfahrung, mit wechselnder Stellung des Instrumentes zur Figur und Wechsel des Anfangspunktes der Umfahrung.

Die Ausmessung von Kartenflächen mittels Planimeters kann in zweifacher Weise erfolgen: entweder durch Ausmessung der Fläche in qcm oder qmm, die alsdann in das Naturmaß umgerechnet werden: absolute Messung, oder durch Feststellung der Noniuseinheiten der Kartenfläche als eines Teiles einer anderen Kartenfläche, deren areale Ausdehnung in Naturmaß bereits bekannt ist und auf der Karte gleichfalls in Noniuseinheiten bestimmt wird, so daß aus dem Verhältnis beider Noniuseinheiten und dem bekannten Naturmaß die gesuchte Fläche bestimmt wird: relative Messung. Welche von beiden jeweils zu wählen oder möglich ist, hängt vornehmlich von der Beschaffenheit der Karte, auf der gemessen werden soll, und der des zu messenden Flächenobjektes ab.

a) Absolute Flächenmessungen. Wenn eine Kartenfläche in qcm oder qmm gemessen werden soll, so spielt dabei, wie leicht ersichtlich, der Maßstab und auch die Projektion eine große Rolle. Zunächst können wie bei der Ausmessung mittels Quadratmaschen ohne weiteres nur flächentreue Projektionen dazu benutzt werden; ferner aber verbürgen nur Karten großen Maßstabes zuverlässige Ergebnisse; denn der Flächenwert eines qcm oder qmm steht im umgekehrten Verhältnis zum Maßstabe: „je kleiner dieser, desto größer jener und umgekehrt". Es kommen daher für absolute Messungen, bei denen auf Genauigkeit z. B. wegen verhältnismäßiger Kleinheit des Objektes Wert gelegt werden muß, nur topographische Karten, die ja durchweg flächentreu sind, ernstlich in Betracht, und deren Beschaffenheit — die Abbildung verhältnismäßig kleiner Flächen auf je einem Blatte — bringt es weiter mit sich, daß die Messungen sich hier auf einzelne, scharf begrenzte Objekte kleinerer Ausdehnung, wie Seen, Weichlandflächen, Waldungen u. ä. im allgemeinen beschränken werden, deren Areale zu bestimmen, auch bisweilen für den Geographen von Interesse ist.

Die Messung erfolgt in der Weise, daß die zu messende Fläche mit dem Planimeter einige Male vorwärts und rückwärts umfahren wird, worauf aus den jedesmal notierten Ablesungen das Mittel gebildet wird. Dieser Mittelwert der Noniuseinheiten wird nach der Tabelle des Instruments entsprechend der Fahrstabeinstellung in qmm umgerechnet und die sich dann ergebende Fläche der qmm nach dem Maßstabe der Karte 1 : M durch Multiplikation mit M^2 in Naturmaß umgerechnet.

Beispiel: Auf einem Meßtischblatt (1 : 25000) sei mit einem Kompensations-polarplanimeter (G. Coradi-Zürich, Nr. 1786) ein See gemessen. Das Mittel aus einer dreimaligen Umfahrung (jedesmal hin und zurück) ergibt bei der Einstellung des Fahrarms auf 1 : 1000, bei welcher der Flächenwert der Noniuseinheit gleich 10 qmm ist, 214 Noniuseinheiten, also 2140 qmm Kartenfläche. In 1 : 25000 stellt 1 qmm der Karte 625 qm der Natur dar (s. Tab. S. 12). Demnach besitzt der See eine Fläche von $2140 \cdot 625 = 1337500$ qm $= 133{,}75$ ha $= 1{,}34$ qkm. Die Messung desselben Sees bei gleicher Fahrstabeinstellung ergab auf der Karte des Deutschen Reiches in 1 : 100000 im Mittel 13 Noniuseinheiten, also 130 qmm Kartenfläche, die in diesem Maßstabe 1,3 qkm der Natur entsprechen ($13{,}4^2 = 13.16$ $= 208$ statt 214).

Dies Beispiel läßt die Bedeutung der Maßstäbe bereits genügend erkennen; die kleinere Karte liefert kleinere Ergebnisse; diesem Umstande kann innerhalb der durch den Maßstab bedingten Grenzen nur dadurch abgeholfen werden, daß man entweder ein Rollplanimeter benutzt, dessen Noniuseinheiten in allen Fahrstabeinstellungen durchweg erheblich kleinere Flächenwerte besitzen, so daß es dem Polarplanimeter in jeder Hinsicht überlegen ist[1]), oder bei diesem nach der Tabelle eine Einstellung auf einen kleineren Flächenwert der Noniuseinheit vornimmt. Diese Veränderung des Fahrstabes ist in jedem Falle eine meist erhebliche Verkürzung desselben, woraus sich einerseits eine Beschränkung der Bewegungsfreiheit des Fahrstabes, also eine Verkleinerung der meßbaren Flächen, andrerseits eine schwierigere Handhabung ergibt, die sich besonders dann geltend macht, wenn starke Richtungsänderungen der Umrißlinien ebensolche Änderungen im Laufe der Meßrolle bedingen. Die Genauigkeit des Instrumentes wird in solchen Fällen vielfach durch die Umfahrungsfehler aufgehoben, welche bei der Umfahrung mit kürzerem Arm häufiger und größer sind, als bei langem Fahrarm. Verfügt man also für direkte Messungen über ein Kugelrollplanimeter nicht, so ist es keinesfalls zweckmäßig, mit dem Polarplanimeter in Einstellung auf Noniuseinheiten kleinen oder kleinsten Flächenwertes zu messen, sondern man messe mit langer Fahrstabeinstellung und kontrolliere lieber die Messungen mit der Quadratnetztafel oder dem Harfenplanimeter, die in ihrem Werte für solche Messungen nicht zu unterschätzen sind.[2])

Um nur ein Beispiel anzuführen, so wurde oben erwähnter See in 1 : 25 000 und 1 : 100 000 mit dem Kompensationsplanimeter in 8 verschiedenen Fahrstabeinstellungen gemessen, wobei der kleinste Flächenwert der Noniuseinheit 2 qmm (bei kürzestem Fahrstab), der größte (bei längstem Fahrstab) 10 qmm beträgt. Bei 1 : 25 000 wurden als größter Wert 2156 qmm, als kleinster 2140 qmm gemessen, die auch mit kürzester und längster Fahrstablänge zusammenfielen; als Mittel sämtlicher Messungen ergaben sich 2146 qmm. Diesen Kartenflächen entsprechen in Naturmaß 1,33,75—1,34,75 und 1,34,12 qkm. In 1 : 100 000 ergab sich als größter Wert 138, als kleinster 130, als mittlerer 133,5 qmm, welchen 1,38—1,30 und 1,33,5 qkm in der Natur entsprechen; auch hier ergab die kürzeste Fahrstabeinstellung das größte, die längste das kleinste Ergebnis. In beiden Kartenmaßstäben wurde dann noch die Fläche mittels des Quadratnetzes und eines Kugelrollplanimeters[3]) (Noniuseinheit gleich 1 qmm Flächenwert) gemessen; beide Messungen ergaben ziemlich übereinstimmend 1,34,15 qkm. Aus diesem Beispiele, das nur eines aus zahlreichen vergleichenden Messungen ist, ergibt sich, daß bei direkten Messungen, besonders mittels Polarplanimeters, die Umfahrungen mehrfach wiederholt werden müssen und daß auch das daraus ermittelte Durchschnittsresultat als Näherungswert abgerundet werden kann, da bei Messungen für geographische Zwecke auch bei kleineren Objekten die Angaben wie hier z. B. über Zehntel des Quadratkilometers hinaus unwesentlich sind. Im angeführten Falle ist eine Abrundung auf 1,3 oder 1,4 qkm durchaus angebracht und genügend, da die Fläche dadurch innerhalb ihrer Umgebung und im Vergleich mit anderen Objekten derselben Gattung genügend charakterisiert wird. Wichtiger als die direkten Messungen sind für geographische Aufgaben die

b) Relativen Messungen. Zu den wichtigsten und vornehmsten Aufgaben der messenden Geographie gehört die Flächenbestimmung geographischer Räume, als da sind die Weltmeere und ihre unterschiedlichen

---

1) Vgl. dazu die Tabelle im Geogr. Jahrbuch XVII, S. 84.
2) Vgl. auch den Abschnitt über indirekte Messung.
3) Seinerzeit dem geograph. Apparat der Universität Göttingen entliehen; vgl. auch dazu Ergänzungsheft 110 zu Petermanns Mitteilungen, S. 21, Anm. S. 40—43.

Teile, wie Rand- und Binnenmeere, Golfe, Busen, Buchten usw., die Erdteile, ihre natürlichen Landschaften und politischen Gebilde, die Gebiete
der Ströme und ihrer Nebenflüsse, die Wüsten-, Steppen-, Tundren-, Wald-
gebiete usw., denen gegenüber die Flächen, die auf topographischen Karten
direkt gemessen werden, auch topographische Räume oder Flächen genannt werden können.

Da für diese Flächen fast nur geographische Karten die Unterlage bieten, ist die direkte Messung hier weniger angebracht und wird
praktischer ersetzt durch das zweite Verfahren, welches das relative oder
indirekte genannt wird. Hier sei auch gleich bemerkt, daß selbst Karten
kleineren Maßstabes dabei noch brauchbare Ergebnisse liefern, weil die
Generalisierung der Grenzlinien wohl diese, nicht aber die von ihnen eingeschlossenen Flächen fühlbar (meßbar) verkleinert; denn die allgemeine
Vereinfachung der Linien hebt die Flächenänderungen ziemlich gleichmäßig
auf, weil den Flächenminderungen, die dabei entstehen, auch Flächen-
mehrungen gegenüberstehen.

Die Grundlage der Flächenbestimmung durch relative Planimetermessungen bildet das in jede geographische Karte eingezeichnete Netz der
Meridiane und Parallelkreise, das schon einmal als Mittel zur Flächenbestimmung behandelt worden ist (s. S. 90). Die durch die Meridiane und
Parallelkreise gebildeten Netzmaschen oder Gradfelder sind ihrem Areale
nach in verschiedenen Abstufungen vom 10-Gradfeld bis zum Sechstel-
Gradfeld hinauf aus den Dimensionen des Erdsphäroids berechnet, und wenn
die Netze geographischer Karten auch gewöhnlich ohne Berücksichtigung
der Abplattung berechnet und entworfen sind, so können die berechneten
Arealzahlen trotzdem auch als für diese Netze geltend betrachtet werden,
weil die etwaigen Unterschiede allein schon durch die stärkere Verjüngung
beträchtlich verringert werden. Es kommt hinzu, daß bei sehr vielen
Messungen von vornherein nur auf abgerundete Näherungswerte ab-
gezielt wird, weshalb auch die berechneten Arealziffern ebenso von vornherein abgerundet werden. Oft genug kommt es bei geographischen Areal-
bestimmungen auch garnicht auf absolute Flächenangaben, sondern auf
relative, ausgedrückt in Prozenten einer Einheitsfläche an.

Jede geographische Fläche wird durch das Gradnetz ihrer Karte in
Teile zerlegt, die entweder von ganzen Maschen oder Bruchteilen einer
solchen gebildet werden. Erforderlichenfalls können durch eine dem Maßstabe entsprechende Verdichtung des Gradnetzes kleinere, passendere Maschen
noch gebildet werden. Da der Flächeninhalt einer vollen Netzmasche den
Tabellen entnommen werden kann, braucht die von solchen bedeckte Fläche
einer Messung garnicht unterzogen zu werden; es erübrigt sich nur, die
Teile der auszumessenden Fläche auszumessen, welche eine Masche nicht
mehr ganz ausfüllen.

Es sei A das berechnete Areal einer Gradnetzmasche in qkm, etwa
eines 1-Gradfeldes, in dem ein Teil der zu bestimmenden Fläche liegt.
Man umfahre das Gradfeld und erhalte als Ergebnis der Umfahrung

7*

a Noniuseinheiten; man umfahre nun auch das zu messende Teilstück des Gradfeldes und erhalte für dieses b Noniuseinheiten. Dann ist ohne weiteres klar, daß sich

$$a : A = b : B$$

verhält, worin B das Areal des Teilstückes in qkm bedeutet. Demnach ist die gesuchte Teilfläche

$$B = \frac{A \cdot b}{a} \; qkm.$$

Zur Erreichung größerer Genauigkeit und gleichsam zur Kontrolle der mechanischen Messung ist es ratsam, auch das zweite Teilstück in Noniuseinheiten c zu bestimmen, da bei guter Umfahrung $b + c = a$ sein muß.

Auf diese Weise wird der Flächeninhalt aller Teilstücke bestimmt, welche kein volles Gradfeld bilden, dann deren Summe gebildet und mit der der vollen Gradfelder vereinigt. Man kann dabei auch Teilstücke in aneinander stoßenden Gradfeldern als zusammenhängende Fläche messen und ihre Fläche dann aus der Summe der Areale der beteiligten Gradfelder ableiten. In welchem Umfange eine solche Zusammenlegung zulässig ist, muß von Fall zu Fall entschieden werden. Ist das Gesamtergebnis festgestellt, so ist es empfehlenswert, das Areal durch direkte Messung zu bestimmen, indem man die Fläche, wenn der Spielraum des Instrumentes es gestattet, sowohl im ganzen, als auch in mehreren Teilstücken mißt; der Vergleich der Ergebnisse aus relativer und direkter Messung ist insofern wichtig, als man daraus die Leistungsfähigkeit des Instrumentes besser kennen lernt und auch die Größe eines etwaigen Papiereinganges an der benutzten Karte feststellen kann.

Beispiel einer relativen Flächenbestimmung: Es werde ein 1-Gradfeld gemessen, das zwischen dem 49.⁰ und 50.⁰ n. Br. liegt, von dem ein Teil durch Wasser, der andere durch Land ausgefüllt wird. Es soll das Areal der beiden Flächen bestimmt werden. Die zur Messung bestimmte Karte hat den Maßstab 1 : 1 500 000, das Planimeter ist auf 1 : 1000 mit Flächenwert der Noniuseinheit gleich 10 qmm eingestellt. Der tabellenmäßige Inhalt des Gradfeldes, das „Soll" ist 8054,35 qkm, abgerundet 8050 $qkm = A$. Die Umfahrung des ganzen Feldes ergibt 359 Noniuseinheiten $= a$, die Umfahrung der Landfläche 119 Noniuseinheiten $= b$, die der Wasserfläche 240 Noniuseinheiten $= c$, so daß die Messung als zuverlässig angesehen werden kann. Nun verhält sich

$$359 : 8050 = 119 : B$$

und die gesuchte Landfläche B ist

$$\frac{8050 \cdot 119}{359} \; qkm = 2668 \; qkm,$$

die Wasserfläche C ist

$$\frac{8050 \cdot 240}{359} \; qkm = 5381 \; qkm.$$

Gesamtsumme also 8049 qkm.

3. Vorzüge des relativen Verfahrens. Aus den vorstehenden Ausführungen ergeben sich für die Anwendung und Bewertung des relativen Verfahrens folgende beachtenswerte Umstände:

1. Der Maßstab der Karte spielt bei seiner Anwendung nur insoweit eine Rolle, als ein größerer Maßstab im allgemeinen eine größere Genauigkeit der Situationszeichnung, also auch der Umrißlinien verbürgt und damit eine genauere Umfahrung ermöglicht. Karten größerer Maßstäbe werden also bei Messung von Flächen vorteilhaft sein, deren Umrißlinien sehr unregelmäßig sind, wie z. B. manche Küstenlinien. Wo dagegen die Umrißlinien einfacher, geradliniger verlaufen, vermag auch eine Karte kleineren Maßstabes brauchbare Näherungswerte zu liefern. Bei der Berechnung selbst spielt der Maßstab keine Rolle.

2. Hieraus folgt, daß auch auf Karten, deren Dimensionen nicht absolut genau dem angegebenen Verjüngungsverhältnis entsprechen, die z. B. infolge des Druckes einen Papiereingang erlitten haben, doch Messungen nach diesem Verfahren zuverlässige Ergebnisse liefern — wenn sie sonst nur flächentreu sind —, weil ein absoluter Verlust an Kartenfläche bei diesem relativen Verfahren nicht in Wirkung tritt, wohl aber beim direkten; würde man den Flächenwert der ermittelten Noniuseinheiten nach dem Maßstabe in qkm umwandeln, also das direkte Verfahren anwenden, so würde auf einer solchen Karte sofort ein zu kleines Resultat ermittelt werden.

3. Das relative Verfahren ermöglicht infolgedessen in Verbindung mit dem direkten Abweichungen der Karte vom angegebenen Maßstabsverhältnisse, seien sie auf das Reproduktionsverfahren, seien sie auf andere Ursachen zurückzuführen, in ihrem Umfange zu ermitteln.

Das obige Beispiel diene zur Erläuterung des Prüfungsverfahrens. Die erwähnte Gradfeldmasche besitzt in der Natur ein Areal von 8050 qkm. Der Maßstab der Karte ist 1 : 1 500 000, in dem 1 qmm der Karte einen Naturwert von 2,25 qkm besitzt. Das Gradfeld der Karte soll demnach 8050 : 2,25 = 357,7 Noniuseinheiten gleich 3577 qmm Fläche besitzen. Die Planimetermessung ergab 359 Noniuseinheiten zu je 10 qmm Flächenwert, also 3590 qmm. Das Mehr von 1,3 Noniuseinheiten oder 13 qmm oder etwa 29 qkm beträgt rund 0,3 % des „Soll" und hält sich in Grenzen, innerhalb welcher solche Unterschiede bei mechanischen Messungen als unvermeidlich und zulässig angesehen werden können. Es wurde sodann dasselbe Gradfeld auf einem anderen Exemplar derselben Karte ausgemessen, das zu bestimmten Zwecken auf anderem Papier gedruckt war. Die mehrmals wiederholte Umfahrung sowohl des Gradfeldes als auch der Land- und Wasserfläche ergab stets dasselbe, in sich stimmende, aber vom Ergebnis des ersten Exemplars abweichende Ergebnis. Sie ergab für das ganze Gradfeld nur 350 Noniuseinheiten, für seine Teilflächen 117 und 233 Noniuseinheiten, so daß diese Ergebnisse durchschnittlich um rund 2 % zu klein sind. Eine darauf angestellte weitere vergleichende Untersuchung der beiden Blätter ergab durchweg einen Unterschied, der sich im Mittel um 2 % Eingang bei dem zweiten Blatt bewegte und auf die Qualität des Papiers in diesem Falle zurückzuführen ist. Bei Anwendung des direkten Verfahrens würde bei einem Papiereingang die Fläche des ganzen Gradfeldes um rund 175 qkm zu klein auf 7875 qkm ermittelt werden, während bei Anwendung des relativen Verfahrens aus der Proportion

$$350 : 8050 = 117 : B \quad \text{und} \quad 350 \cdot 8050 = 233 : C$$

sich die Flächenwerte 2691 und 5359 qkm ergeben, zusammen 8050 qkm, so daß der Papiereingang nicht zur Geltung kommt.

Eine Ermittelung des Papiereinganges oder des Maßes der Abweichung vom angegebenen Verjüngungsverhältnis mit Hilfe des Planimeters, welche natürlich an einem Blatte ohne Zuhilfenahme eines zweiten Exemplars erfolgen kann, kann, wenn man nicht Gradfeld für Gradfeld untersuchen will, bereits in der Weise zur Genüge angestellt werden, daß man einzelne Gradfelder an den Kartenrändern und in der Mitte ausmißt, ihre Fläche auf direktem Wege bestimmt, die erhaltenen Istwerte mit den Sollwerten vergleicht, auch den Durchschnittswert der Abweichung bestimmt und in Prozenten ausdrückt; um diesen Betrag sind etwa sonst auf direktem Wege bestimmte Flächenwerte dann stets zu erhöhen. Im allgemeinen ist aber das relative Verfahren dem direkten vorzuziehen.

4. Bei dem relativen Verfahren werden die Noniuseinheiten der umfahrenen Flächen, sowohl der Gesamt- als auch der Teilflächen zu dem Naturmaß unmittelbar in Beziehung gesetzt, nicht durch Vermittelung des Flächenwertes der Noniuseinheit, der bei diesem Verfahren wie der Kartenmaßstab ausgeschaltet wird. Man kann also mit jeder beliebigen Einheit, d. h. mit beliebiger Fahrstabeinstellung arbeiten. Eine Einstellung auf kleinere Flächenwerte der Noniuseinheit, die bei dem direkten Verfahren von Bedeutung sein kann, wird durch die Verkürzung des Fahrstabes bewirkt, die eine stärkere Bewegung der Meßrolle und dadurch eine Vermehrung der abgewickelten Noniuseinheiten zur Folge hat; daran nehmen hier sowohl die Gesamt- als auch die Teilflächen proportional ihrer Größe teil, so daß wohl die Summen der Noniuseinheiten, nicht aber ihr gegenseitiges Verhältnis wesentlich geändert wird, so daß das Schlußergebnis dadurch kaum beeinflußt wird. Diese theoretische Erwägung wird durch praktische Versuche bestätigt.

Als Beispiel diene das Ergebnis, das an der schon genannten Gradfeldmasche durch Ausmessung in fünf verschiedenen Einstellungen ermittelt wurde und in folgender Tabelle zusammengestellt ist:

Flächenwert der Noniuseinheiten in qmm	Summe der Noniuseinheiten für			Natürliche Größe in qkm		
	das ganze Gradfeld	die Land- fläche	die Wasser- fläche	des ganzen Gradfeldes	der Land- fläche	der Wasser- fläche
10	359	119	240	8050	2668	5381
8	451	149	302	8050	2659	5390
5	718	238	480	8050	2666	5381
4	897	297	600	8050	2665	5384
2	1794	594	1200	8050	2665	5385
				Durchschnitt	2667	5384

Die Tabelle zeigt 1. daß die Summen der Noniuseinheiten so genau im umgekehrten Verhältnis zu ihrem Flächenwerte stehen, als es möglich ist, eine und dieselbe Fläche wiederholt mit derselben Genauigkeit zu umfahren, so daß die ganz unbedeutenden Abweichungen lediglich Umfahrungsfehler sind: 2. daß die durch das relative Verfahren ermittelten Naturmaße so wenig vom Durchschnitt und auch untereinander abweichen, daß bei einer Abrundung auf Zehner bereits alle Abweichungen verschwinden und die Einstellung auf die größte Noniuseinheit dasselbe Ergebnis liefert wie die auf die kleinste.

5. Wenn, wie eben gezeigt, beim relativen Verfahren die Einstellung auf eine kleinere Noniuseinheit für das Ergebnis unwesentlich ist, so liegt

es nahe, unter Umständen von den Einstellungen, welche die jedem Instrumente beigegebene Tabelle enthält, überhaupt abzusehen und gänzlich
unabhängig davon passende Fahrstablängen zu wählen. Das ist besonders
angebracht, wenn es sich um Flächen handelt, die auch mit der größten,
für das Instrument berechneten Fahrarmlänge nicht mehr im ganzen umfahren werden können und Zerlegungen in kleinere Teilflächen durch
Linien, welche in die Karte eingezeichnet werden müßten, aus irgendwelchen
Gründen nicht angängig sind. Daß mit solchen ganz willkürlichen Fahrstablängen durchaus zuverlässige Ergebnisse erzielt werden, soll an zwei
Beispielen dargelegt werden. Die einzige Vorbedingung für die Möglichkeit dieses Verfahrens ist die, daß die zu messende Fläche in der Karte
von vollen Gradnetzmaschen umschlossen wird, damit aus diesen das berechnete Areal ermittelt werden kann, das zur Bildung der bekannten
Proportion erforderlich ist.

1. Beispiel: Aus der Karte Australien in 1:10 Mill. in Andrees Handatlas
201/202 werde das Areal des Erdteils bestimmt. Au Fünfgradfeldern kommen
dazu in Betracht:

Zone 10 bis 15° Br. von 125 bis 150° L. 5 Felder — 300463 · 5 — 1502315 qkm,
  „ 15 „ 20° „   „ 115 „ 150° „ 7   „   — 293685 · 7 — 2055795 „
  „ 20 „ 25° „   „ 110 „ 155° „ 9   „   — 284709 · 9 — 2562381 „
  „ 25 „ 30° „   „ 110 „ 155° „ 9   „   — 273591 · 9 — 2462319 „
  „ 30 „ 35° „   „ 110 „ 155° „ 9   „   — 260399 · 9 — 2343591 „
  „ 35 „ 40° „   „ 135 „ 155° „ 4   „   — 245217 · 4 — 980868 „

Sa. 43 Felder mit 11 907 269 qkm.

Die unbedeutende Landfläche bei West C. Howe südlich des 35.° Br., 115.
bis 120.° L. wurde vernachlässigt, das Netz am 40.° Br., 155.° L. vervollständigt.
Damit die von den bezeichneten Gradfeldern gebildete Fläche und auch der von
ihnen eingeschlossene Erdteil in einem Zuge umfahren werden konnte, mußte der
Fahrstab bis zum äußersten ausgezogen werden (rund 55 Teilstriche über die
längste berechnete Einstellung). Das Mittel aus mehrmaligen Umfahrungen ergab
für die Gradnetzfläche 10235, für die Erdteilfläche 6560 Noniuseinheiten, woraus
sich, wenn die berechnete Arealziffer auf Hunderte abgerundet wird, ergibt:

$$\text{Areal des Erdteils Australien} = \frac{6560 \cdot 11\,907\,200}{10\,235} = 7\,631\,776 \ qkm,$$

abgerundet 7 631 700 qkm.

Nach Sievers Australien, S. 33, umfaßt das Festland 7 631 500 qkm, es ergibt sich also geradezu eine völlige Übereinstimmung.

2. Beispiel: In gleicher Weise wurde auf Bl. 14 in Stielers Handatlas die
Schweiz in 1:925000 gemessen. Dabei konnte der Fahrstab um 5 Strich gegen
die vorige Einstellung verkürzt werden. An Halbgradfeldern kommen dafür in
Betracht:

Zone 47,5 bis 48° Br. von 7,5 bis 10° L. 5 Felder — 2084 · 5 — 10420 qkm,
  „ 47 „ 47,5° „   „ 6,5 „ 10° „ 7   „   — 2104 · 7 — 14728 „
  „ 46,5 „ 47° „   „ 6   „ 10,5° „ 9   „   — 2123 · 9 — 19107 „
  „ 46 „ 46,5° „   „ 6   „ 10,5° „ 9   „   — 2142 · 9 — 19278 „
  „ 45,5 „ 46° „   „ 7   „ 9,5° „ 4   „   — 2162 · 4 — 8648 „

zus. 34 Felder mit 72 181 qkm.

indem in dieser letzten Zone das Feld 8 bis 8,5° L. ausgelassen wurde, um eine
günstige Stellung für den Pol des Planimeters zu gewinnen.

Bei der Umfahrung wurden die Anteile der Schweiz am Genfer- und Boden-
see einbezogen. Die Umfahrungen ergaben als Mittel für die Gradnetzfläche 7376,
für die Fläche des Staates 4239 Noniuseinheiten, woraus sich ergibt:

$$\text{Areal der Schweiz} = \frac{4239 \cdot 72181}{7376} = 41482 \; qkm.$$

In den genannten Grenzen wird das Areal der Schweiz auf 41346 qkm berechnet (Supan, Bevölkerung der Erde, X, 21). Der hier vorhandene Überschuß
von 136 qkm = 0,3% der Gesamtfläche ist ebenfalls so gering, daß die Messung
für geographische Zwecke in jeder Hinsicht vollauf befriedigend ist.

6. Das relative Meßverfahren hat offensichtlich so viele Vorzüge,
daß es nahe liegt, es auch auf topographischen Karten anzuwenden.
Hier ist es jedoch nicht immer ohne weiteres so bequem ausführbar wie
auf geographischen Karten. Das dazu unentbehrliche Gradnetz ist nicht
überall in einer sofort benutzbaren Form vorhanden. Am günstigsten gestaltet sich die Messung auf topographischen Karten kleinerer Maßstäbe,
wie z. B. bei der topographischen Übersichtskarte des Deutschen Reiches
in 1:200000, deren Blätter je ein doppeltes Halbgradfeld bilden, und bei
der Übersichtskarte von Mitteleuropa in 1:300000, deren Blätter je ein
doppeltes Gradfeld umfassen, und bei anderen dieser Maßstäbe. Auf den
beiden genannten kann man mit Hilfe der am Rande angebrachten Minutenteilung ganz nach Bedürfnis Halbgrad- oder Sechstelgradfelder (30- oder
10-Minutentrapeze), für welche Flächentabellen vorhanden sind, einzeichnen,
und dadurch die vorhandenen Tabellen unmittelbar benutzen, und die auszumessende Fläche meist durch eine oder mehrere kleine Netzmaschen begrenzen, bei denen die Befahrung zur Ermittelung der Noniuseinheiten bei
ihren kleineren, geraden oder schwach gekrümmten Begrenzungslinien
sicherer ausgeführt werden kann.

Zu den Karten, die das Gradnetz nur in den Randlinien ihrer Blätter,
und zwar durchweg in einer Form, die wenig oder schlecht den Abstufungen
der bis jetzt vorhandenen Gradnetzflächentabellen entspricht, darbieten, gehören die großen topographischen Karten, wie die Meßtischblätter, die Karte
des Deutschen Reichs in 1:100000, die österreichische Spezialkarte in
1:75000, auf denen gerade kleinere und kleinste Flächen, z. B. Seen, noch
gemessen werden können. Die Meßtischblätter stellen eine Gradnetzmasche
von 10′ Länge und 6′ Breite dar, entsprechen also 6-Zehnteln eines Sechstelgradfeldes, die Karte des Deutschen Reichs und die Spezialkarte stellen
auf jedem Blatte ein doppeltes Viertelgradfeld dar. Die bis jetzt berechneten Tabellen der Halb- und Sechstelgradfelder können also nicht unmittelbar hier ausgewertet werden. Es ist auch schwer, die Flächen
dieser Blätter in Noniuseinheiten zu bestimmen, weil einerseits ihre Größe
einer Umfahrung mit dem Planimeter hindernd im Wege steht, andererseits auch gerade Linien von der Länge der Randlinien sicher zu befahren
sehr schwierig ist, und die Verwendung eines an die Geraden angelegten

Lineals zur Führung für Hand und Fahrstift wegen der sich daraus ergebenden einseitigen Ablenkung nicht empfehlenswert ist.

Zieht man unter Benutzung der Minutenteilung auf den Blättern der Reichs- oder der Spezialkarte die Netzlinien in je 10′ Abstand aus, so zerlegt man jedes Blatt derselben in je 3 ganze und 3 halbe Sechstelgradfelder, die zonenweise ihre Lage wechseln, so daß die halben Felder, um die es sich hier besonders handelt, in der einen Zone am Südrande liegen und dann die kleinere Hälfte ihres ganzen Feldes bilden; in einer anderen Zone liegen sie am Nordrande und bilden die größere Hälfte des Ganzen. Bei den Meßtischblättern, die 10′ Längenausdehnung und 6′ Breitenausdehnung besitzen, liegt die Sache so, daß in den Zonen 0′ bis 6′ und 30′ bis 36′ die größeren 6-Zehntel eines Sechstelgradfeldes, in den Zonen 24′ bis 30′ und 54′ bis 60′ die kleineren 6-Zehntel eines solchen liegen. In den Zonen 6′ bis 12′ und 36′ bis 42′ setzt sich jedes Blatt zusammen aus den kleineren 4-Zehnteln eines südlicheren und den größeren 2-Zehnteln des nördlich anstoßenden Sechstelgradfeldes; umgekehrt ist es bei den Zonen 18′ bis 24′ und 48′ bis 54′; die Zonen 12′ bis 18′ und 42′ bis 48′ endlich bestehen aus den mittleren 6 Zehnteln eines Sechstelgradfeldes.

Steinhausers Tabelle der Sechstelgradfelder oder 10′-Trapeze hat nun eine wertvolle Ergänzung in einer Hilfstabelle, welche für jede Minutendekade den Flächeninhalt des ersten Minutentrapezes (Sechzigstel-Gradfeldes) und die Differenz gegen das erste Minutentrapez der folgenden Dekade enthält. Mit Hilfe dieser Tabelle lassen sich alle möglichen Kombinationen von kleineren Gradfeldern im Rahmen eines halben Gradfeldes zusammenstellen und mit einer für vorliegende Zwecke genügenden Genauigkeit in ihrer Fläche bestimmen. Einige durchgeführte Beispiele werden das Verfahren besser darlegen als eine Darlegung durch Worte.

a) Zunächst werde ein ganzes 10′-Trapez auf diese Weise bestimmt, damit daran der Genauigkeitsgrad erkennbar wird. Das 10′-Trapez von 54° 0′ bis 10′ hat ein Areal von 202,2972 qkm. Das erste Minutentrapez darin hat 2,0266 qkm Fläche, das erste des folgenden 10′-Trapezes 2,0185 qkm, so daß die Differenz der 10′ auseinanderliegenden Trapeze 0,0081 qkm beträgt. Bei der geringfügigen Abnahme kann man ohne Bedenken dieselbe als sich gleichmäßig vollziehend annehmen, so daß jedes nördlicher gelegene Minutentrapez um 0,00081 qkm abnimmt. Die Flächen der 10 einzelnen Minutentrapeze bilden demnach die Glieder einer arithmetischen Reihe, das 10. Minutentrapez hat demnach 2,0193 qkm Areal, und daraus ergibt sich für alle 10 Trapeze des Meridianstreifens als Summe 20,2295 qkm, das Sechstelgradfeld setzt sich aus 10 solcher Streifen zusammen, sein Areal beträgt demnach 202,295 qkm gegen 202,2972 der Tabelle, also ein Unterschied von 0,0022 qkm oder 0,22 ha = 22 a. Auf diese Weise, mit der Hilfstabelle berechnet, stellt sich die Fläche des ersten 10′-Trapezes an 55° Br. auf 197,435 qkm gegen 197,4357 qkm der Haupttabelle und des Trapezes an 56° Br. auf 192,5100 qkm gegen 192,5113 qkm.

b) Daraus ergibt sich, daß bei noch kleineren Feldern, deren Areal auf diese Weise berechnet wird, die Unterschiede gegen das wirkliche Areal noch unbedeutender werden müssen, und daß man daher solche Felder zum Zwecke planimetrischer Messungen in durchaus genügender Weise in ihrer Fläche bestimmen kann.

Tabelle 1: Areale der Blätter der Karte des Deutschen Reiches 1 : 100000 und der österr. Spezialkarte 1 : 75000 in Quadratkilometern.

(Gradfelder von 10′ L. und 10′ Br. — 10′ L. und 5′ Br. — und 30′ L. und 15′ Br.)

Grad	Min.	qkm	qkm	Grad	Min.	qkm	qkm	Grad	Min.	qkm	qkm
42	0	255.2364		46	45	117.8575		51	30	214.1664	
		127.3650				235.1735				106.7900	
		382.6014	1147.8042			353.0310	1059 0930			320.9544	962.8692
	15	127.2000		47	0	284.4501			45	106.5950	
		253.9109				116.9525				212.6079	
		381.1109	1143.3327			351.4026	1054.2078			319.2029	957.6087
	30	253.2448			15	116.7725		52	0	211.8258	
		126.3700				232.9974				105.6200	
		379.6148	1138.8444			349.7699	1049 3097			317.4458	952.3574
	45	126.2050			30	232.2680			15	105.4250	
		251.9062				115.8600				210.2560	
		378.1112	1134.3336			348.1280	1044.3640			315.6810	947.0430
43	0	251.2336			45	115.6750			30	209.4683	
		125.3600				230.8030				104.4350	
		376.5936	1129.7808			346.4780	1039.4340			313.9033	941.7099
	15	125.1950		48	0	230.0675			45	104.2400	
		249.8818				114.7550				207.8874	
		375.0768	1125.2304			344.8225	1034.4675			312.1274	936.3822
	30	249.2027			15	114.5700		53	0	207.0943	
		124.3450				228.5904				103.2500	
		373.5477	1120.6431			343.1604	1029.4812			310.3443	931.0329
	45	124.1750			30	227.8489			15	103 0500	
		247.8379				113.6450				205.5025	
		372.0129	1116.0387			341.4939	1024.4817			308.5525	925.6575
44	0	247.1523			45	113.4600			30	204.7039	
		123.3200				226.3599				102.0500	
		370.4723	1111.4169		49	0	339.8199	1019.4597			306.7539	920.2617
	15	123.1500				225.6124			45	101.8500	
		245.7748				112.5250				203.1012	
		368.9248	1106.7744			338.1374	1014.4122			304.9512	914.8586
	30	245.0828			15	112.3325		54	0	202.2972	
		122.2800				224.1114				100.9450	
		367.3628	1102.0884			336.4439	1009.3317			303 1422	909.4266
	45	122.1100			30	223.3580			15	100.6460	
		243.6922				111.3900				200.6887	
		365.8022	1097.4066			334 7530	1004.2590			301.3287	903.9861
45	0	242.9987			45	111.2950			30	199.8743	
		121.2350				221.8453				99.6530	
		364.2287	1092.6861			333 0503	999.1509			299.5093	898.5279
	15	121.0600		50	0	221.0860			45	99.4300	
		241.5906				110.2550				198.2503	
		362.6506	1087.9518			331.3410	994.0230			297.6803	893.0409
	30	240.8859			15	110.0700		55	0	197.4357	
		120.1800				219.5618				98.4150	
		361.0659	1083.1977			329.6318	988.8954			295.8507	887.5521
	45	120.0050			30	218 7968			15	98.2100	
		239.4703				109.1100				195 8011	
		359.4753	1078.4259			327.911	983.7354			294.0111	882.0333
46	0	238.7594			45	108.9200			30	194.9812	
		119.1150				217.2609				97.1800	
		357.8744	1073.6232		51	0	326.1809	978.5427			292.1612	876.4836
	15	118.9300				216 4901			45	96.9750	
		237.3313				107.9550				193.3363	
		356.2613	1068.7839		15	107.7600				290.3113	870.9389
	30	236.6141				214.9429					
		118.0375				322.7029	968.1087				
		354.6516	1063.9548								

Tabelle 2: Areale der Meßtischblätter (Gradfelder von 10′ L. und 6′ Br.) in Quadratkilometern.

Grad	Min.	qkm	Grad	Min.	qkm	Grad	Min.	qkm
47	0	140.757	50	0	132.744	53	0	124.350
	6	140.495		6	132.471		6	124.066
	12	140.238		12	132.198		12	123.780
	18	139.975		18	131.922		18	123.492
	24	139.716		24	131.646		24	123.204
	30	139.449		30	131.370		30	122.916
	36	139.187		36	131.096		36	122.628
	42	138.921		42	130.818		42	122.340
	48	138.656		48	130.544		48	122.052
	54	138.393		54	130.266		54	121.764
48	0	138.129	51	0	129.987	54	0	121.473
	6	137.865		6	129.710		6	121.182
	12	137.595		12	129.429		12	120.894
	18	137.330		18	129.152		18	120.606
	24	137.061		24	128.874		24	120.312
	30	136.797		30	128.595		30	120.021
	36	136.532		36	128.314		36	119.730
	42	136.263		42	128.031		42	119.439
	48	135.998		48	127.752		48	119.146
	54	135.726		54	127.470		54	118.851
49	0	135.456	52	0	127.191	55	0	118.557
	6	135.186		6	126.910		6	118.265
	12	134.916		12	126.627		12	117.972
	18	134.647		18	126.342		18	117.676
	24	134.376		24	126.057		24	117.381
	30	134.106		30	125.772		30	117.087
	36	133.830		36	125.488		36	116.792
	42	133.560		42	125.202		42	116.496
	48	133.290		48	124.920		48	116.201
	54	133.017		54	124.635		54	115.902

Das gilt zunächst für Messungen auf den oben erwähnten topographischen Karten in 1:100000 und 1:75000, für die in jeder Zone ein Feld von 10′ Länge und 5′ Breite zu bestimmen ist, also ein halbes Sechstelgradfeld. Die beifolgende Tabelle enthält die Areale der Gradfeldermaschen, welche für die Verwendung der deutschen Reichs- und österreichischen Spezialkarte in Betracht kommen, also innerhalb der Zone von 42° bis 56° Br. Sie ist so angelegt, daß für jede Blattzone das ganze Sechstelgradfeld und das zugehörige halbe für sich besonders angegeben sind, sodann deren Summe, die also das Areal eines Meridianstreifens von 10′ Länge angibt; die Anordnung der Arealziffern entspricht der Stellung der ganzen und halben Sechstelgradfelder auf den Blättern. Eine zweite Spalte enthält das Gesamtareal der einzelnen Blätter. Die zweite Tabelle enthält die auf gleiche Weise bestimmten Areale der Meßtischblätter oder der Gradfeldmaschen von 10′ Länge und 6′ Breite für die Zone 47° bis 56° Br. Mit Hilfe dieser Tabellen lassen sich relative Planimetermessungen auf den genannten und auch anderen topographischen Karten leicht ausführen; der Vorteil, den die relative Messung auch hier gewährt, besteht darin, daß abermals der Papiereingang ausgeschaltet wird. Während die Tabelle 1. für die Karte des Deutschen Reichs usw. zufolge ihrer Anordnung,

welche 6 Felder auf jedem Blatte zu bilden gestattet, durchweg ausreichen wird,
wird die Tabelle für die Meßtischblätter nicht ohne weiteres genügen, weil deren
Größe für den Spielraum der Instrumente allgemein zu groß sein dürfte. Man
wird sich daher genötigt sehen, durch Einschaltung von Meridianlinien die Fläche
wenigstens in einige schmälere Streifen zu zerlegen, deren Areal durch einfache
Teilung bestimmt werden kann, und sollten auch diese Streifen noch zu groß sein,
so bleibt nichts übrig, als auch Parallelkreise einzuschalten, und das Areal der
so neu gebildeten Maschen mit Hilfe der Tafel Steinhausers von Fall zu Fall zu
berechnen.

Die Meßtischblätter tragen an den Rändern die Minutenteilung, allerdings in
so feinen und kurzen Strichen oder auch in Punkten, daß sie oft schwer erkennbar
ist; mit deren Hilfe kann man also das Blatt in Minutentrapeze leicht einteilen
und die Felder bestimmen, deren Areal man für eine relative Messung zu ermitteln hat.

Beispiel. Auf einem Blatte der Zone 53° 12' bis 18' soll das Areal der
Zone zwischen 14' und 17' berechnet werden. Das erste Minutentrapez an 53° 10'
hat 2,0666 qkm, das entsprechende an 53° 20' 2,0586 qkm, die Differenz beträgt
0,0080 qkm, für jede Minute also 0,0008 qkm. Demnach besitzt der Meridian-
streifen von 1' Länge von 10' bis 14' Br. 8,2616 qkm, der von 10' bis 17' Br.
14,4494, die Differenz von 6,1878 qkm ist das Areal des Streifens von 14' bis 17'
für 1' Länge, also für 10', d. h. die ganze Ausdehnung des Blattes 61,878 qkm.

**4. Flächenmessung auf nichtflächentreuen Karten unter Verwendung
instrumenteller Hilfsmittel.** Da die topographischen Karten durchweg
flächentreu sind, kommen hier nur geographische Karten in Betracht.
Es ist bereits dargelegt worden, daß auf nichtflächentreuen Karten durch
Verdichtung des Gradnetzes ebenso wie auf flächentreuen Areale bestimmt
werden können (s. S. 91). Dagegen ist die Anwendung des Quadratnetzes
gar nicht, und die der planimetrischen Instrumente bei ihnen nicht ohne
weiteres zulässig. Da für Flächenmessungen auf geographischen Karten
für alle Gebiete der Erde gegenwärtig geeignete flächentreue Karten vorhanden sein dürften, so liegt auch kein genügender Anlaß vor, solche Messungen auf nichtflächentreuen Karten vorzunehmen. Diese Frage besitzt
ein mehr theoretisches Interesse und soll deshalb auch nur in Kürze behandelt
werden. Will man auf solchen Karten instrumentelle Flächenmessungen
vornehmen, so ist jedenfalls auch hier dem relativen Verfahren vor dem
direkten der Vorzug zu geben. Im übrigen spielt die Projektion der
Karte dabei eine wichtige Rolle, und darum muß zuvor das Maß der
Flächenänderung im Bereich der Karte festgestellt werden. Das geschieht durch Einzeichnung der Linien gleicher Verzerrung oder Äquideformaten (s. T. I S. 23). Ergibt sich, daß das Maß der Flächenänderung
unbedeutend ist, was bei manchen Projektionen für den Bereich ganzer
Karten der Fall ist, so kann man dieses Maß in Anbetracht der vielen
anderen Faktoren, welche die Genauigkeit der Flächenmessungen beeinflussen, vernachlässigen und diese Karten als flächentreu ansehen. Bis zu
welchem Maße der Flächenänderung diese Vernachlässigung zulässig ist,
läßt sich allgemein nicht bestimmen, hier muß von Fall zu Fall entschieden
werden. Glaubt man die Flächenänderungen nicht vernachlässigen zu dürfen,
so muß man an Hand der Äquideformaten, die genügend dicht einzutragen

sind, für die einzelnen Gradfelder oder die von den Äquideformaten gebildeten Zonen — bei echten normalen Kegel- und Cylinderprojektionen fallen die Äquideformaten mit Parallelkreisen zusammen — Mittelwerte bilden und mit diesen die ermittelten Arealwerte korrigieren. Um für das Messen auf nichtflächentreuen Karten Übung und Erfahrung zu gewinnen, empfiehlt es sich, dieselben Flächen auch auf flächentreuen Karten zu bestimmen und die beiderseitigen Ergebnisse zu vergleichen. Indem die Ergebnisse, die von der flächentreuen Karte gewonnen sind, den Maßstab bilden, an dem die Ergebnisse aus der nichtflächentreuen bewertet werden, wird man bald in der Lage sein, zu beurteilen, bis zu welchem Grade Flächenänderungen überhaupt vernachlässigt werden dürfen, und weiter, in welchem Intervalle die Äquideformaten zu bestimmen sind, aus denen die Mittelwerte zu ermitteln sind, die erforderlich sind, um die Messungsergebnisse in dem Maße zu korrigieren, daß sie den aus flächentreuen Karten erzielten möglichst nahe kommen.